Clinique de la raison close

DU MÊME AUTEUR

CHEZ LE MÊME ÉDITEUR

Pas un jour sans une ligne

Fables de la cuisine (à paraître)

CHEZ D'AUTRES ÉDITEURS

Salines (poésie), P. J. Oswald

Portrait de l'artiste au nez rouge, Balland/Egée.

La Cuisine d'Arnold Wesker (traduction), Gallimard.

Soupe de poulet à l'orge d'Arnold Wesker (traduction), Gallimard.

Racines d'Arnold Wesker (traduction), Gallimard.

Je parle de Jérusalem d'Arnold Wesker (traduction), Gallimard.

Menace d'Arnold Wesker (dramatique télévisée, traduction), ORTF.

Le Capitaine Fracasse, Théophile Gautier (adaptation), 1966. © Théâtre du soleil.

Le Songe d'une nuit d'été, William Shakespeare (adaptation), 1968, © Théâtre du soleil.

Philippe Léotard

Clinique de la raison close

LES BELLES LETTRES

1997

ISBN : 2-251-44099-2

À Michel Desgranges

Ces pages sont des épaves, repêchées au hasard des grèves où les abandonnait mon impuissance. Qu'on n'y voie rien de certain, mais seule l'âme arrachée, rage et raison. Peut-être ai-je voulu jadis, en faire un livre qui aurait eu l'orgueil des métaux précieux, mais il y eut examen de l'orage, et j'en restai longtemps hébété par le dégoût de faire que ne compensait pas l'appétit de jouir. Je me contentai de sceller dans le silence mes rares et prudentes certitudes, sans savoir encore que je ne renoncerai pas à être saint.

J'ai prétendu être pur, et le Monde s'en est moqué, et j'ai plaint le monde comme un jeu mal joué, un jouet reçu sans joie, dans la nostalgie des merveilles.

Laissez-moi vous dire à l'oreille que la vie n'est pas vainement vouée au miracle.

Moi.

« Seul et c'est assez ! » dit-on dans le langage tragique.

« Ce qui reste », puis-je ajouter.

Je n'ai pas quitté ma nuit, ventre, silence et tourbillon. Et je ne demande le pourquoi ni le comment, à moi ni à personne. J'en arriverai à vivre sans savoir.

Déjà vide, je cherchais le désert, et le désert était en moi, et le désert était moi, et il était, dès le commencement, cette passion sereine et violente, cette exaltation tranquille, cette paresse forcenée.

J'ai écrit longtemps, tout le temps, comme j'aime, tous les jours, en sachant que l'amour n'est qu'un arbitraire contrarié. Comme j'avais appris sans joie, j'ai écrit comme on entreprend quelque chose qui ne finira pas sans le bourreau.

J'ai écrit la nuit pour m'assurer que ne pas dormir était une urgence permanente. J'ai écrit au début de la nuit pour feindre que cela n'en finisse pas et me donner le droit, au milieu de la nuit, d'être aveugle et sourd, idiot sous le cul déguisé des filles, et à la fin de la nuit, le tumulte éteint, pour haleter dans un nouveau silence, pour que la fatigue laisse passer les mots, que rien ne les retienne, et qu'ils roulent le long des lignes, pleins de pensées qu'on ne reconnaîtra pas. Dans la journée je vivais dans l'ennui des occupations de paralytiques.

Un jour, je vous dirai que je pensais à autre chose. Je m'épaulais de certitudes, sans sagesse, je ne me parlais de rien. Votre exigence suffisait...

Je n'avais pas même reniflé, dans ma route aux abois, le puant malentendu, traîtres que nous sommes, égarés, perdant jusqu'aux tickets d'égorgement, gens de violence, chasseurs négligeant nos proies.

Vous me prenez par la main, et vous me dites, doucement, affectueusement : « Frère, il faut t'en aller maintenant... »

On me dit qu'il y a faute... oui... et aussi, et même, et encore, il y a FAUTE majuscule. Faute est notre conception volontaire, et peut-être seulement cela...

Qui continue de frapper le monde à la pioche... qui a la haine si haut qu'il continue de frapper ? Et pourtant il n'est songe de tous qui ne soit une femme... et songe secret, rêve d'une paix généreuse et passive, d'une tendresse de cuisses, d'une obsession cachée d'atteindre sans efforts le fond comme une source.

Il n'est pas loin, l'autre versant des cascades, l'autre côté de l'eau frisée, qui tombe en boucles, cache le vide avec son bruit et la nuit de toujours avec ses fausses teintes, ses feintes, sa fuite indécise... l'eau dont la chute est si précieuse, si sonore et si claire...

Elle n'est pas menteuse. Elle creuse la fin de son vol. Elle pousse vers l'intérieur en jaillissant. Celui qui n'a pas lu dans le rire de l'eau demande depuis combien de temps elle se compare aux cheveux d'une femme. Celui qui sait aimer une femme laisse une femme répondre en silence.

C'était béni comme jour, un jour à aimer le temps qui vous fait comprendre qu'on a forcément, toute sa vie, aimé, et le moment sacré par le soleil, béni par le vent, ce moment olympien du temps, dans l'éternité de la lumière, ce moment « qui n'a de nom dans aucune langue », ce moment où l'on peut lever la tête et dire « j'ai aimé ».

Cela monte d'un fond infini, intarissable, intarissablement, j'ai aimé.

Chaque instant de ma vie, j'ai aimé, tous, tout ce qui n'était pas moi, tout ce qui était moi, je n'ai rien fait d'autre. J'ai même aimé ma propre tronche, et surtout ma cervelle, qui, elle, n'a pas compris que c'était l'amour que je faisais quand même, quand je faisais le mal de l'amour.

Il n'y a plus de mal de l'amour.

Il n'y a pas de différence dans la lumière.

Je me trouvai dans un croisement vide et sans signification précise pour moi, un décor de cinéma qui a servi à dix mille films, et que l'on a laissé là, tel quel. On n'y voit plus que grossir l'image de la faute où l'on vous fait aller. On sait que c'est sa perte, et que l'on sera accueilli dans le désert de l'amour, rendu muet par le supplice, avec la même atroce stridence qu'un enfant dans le noir.

On est coupable d'un délit sans victime, mais qui a créé du chagrin et de la souffrance, sans qu'on comprenne pourquoi. C'est au nom de cette souffrance que je dois m'exiler, me soigner d'un mal qui reste à découvrir, seul, à Cinoque City, commune de Pinambule, chez les hommes. On choisit sa souffrance. Si le choix est bon, on peut s'en servir dans bien des affaires. On ne gagne pas à tous les coups. C'est selon les protagonistes. Là, ça marchait.

Je suis né à la fin des cendres, mais pas à l'extinction du feu.

On aurait pu prévoir que ce qui se déclarait alors, n'était que le début d'un incendie universel, qui ne devait plus s'arrêter, qui ne cesserait de s'étendre, de plus en plus violent, de plus en plus barbare, et que tous s'acharnaient à attiser, jusqu'à la fin insupportable.

J'ai vécu dans la béatitude de la maladie, de la féminité et de la guerre.

J'ai connu la vierge folle, et la putain sage, et j'ai compris tôt qu'il n'était, pour moi, question que de rhétorique. Et je me vautrai, avec volupté, dans les vagues du Verbe, le jeu des mots.

J'entrai dans la palabre.

Le désordre manquant

— C'est la coke ou moi !

Elle crie. Je me tasse... etc.

— Je te préviens !

Aujourd'hui, elle n'a pas arrêté de me prévenir.

— Quand tu reviens, je ne veux plus entendre parler de ça !

Elle est partie, sévère et solennelle, prendre son avion pour l'Amérique.

Je prends ce soir le train pour l'hospice, l'asile, ou l'hôpital psychiatrique.

Pendant ce temps-là, on aura le temps de réfléchir.

— Et réfléchis bien, hein ! c'est moi... etc.

Il faut que je réfléchisse.

C'est terrible, qu'on me suggère de réfléchir. Cela me rend complètement idiot, annihile mon bon sens, disloque ma mémoire et occulte les réalités les plus évidentes. Tout ce que je me dis, c'est que je ne vais pas perdre la femme de ma vie pour de la dope.

Il est tôt, à cause de l'avion. L'appartement est impeccablement nettoyé-rangé. Sur la table de la cuisine il doit y avoir un petit mot me donnant les dernières consignes, suivies d'un impérieux « je t'aime ». Je n'ai plus qu'à traîner. L'Oscar vient plus tard.

Elle est partie ce matin. Il n'y a pas, derrière elle, les traces d'un départ à regret. Aucun parfum ne traîne. Pas même quelque lingerie, au-dessus de la baignoire.

Au moins, je n'ai pas de ménage à faire. Le mot, sur la table de la cuisine y était déjà hier. Comme j'ai déjà un peu bu, et le reste, je rigole bêtement, par à-coups. Je me dis que si je l'avais appris par cœur, avant de partir, j'aurais pu déjà le jeter à la poubelle, et la cuisine, donc tout l'appartement, aurait fait encore plus « clean » ! Je m'estime assez pour me contraindre à trouver cette réflexion stupide, mais cela même me fait rire !

C'est le haschich. A tous les coups, c'est pareil : ça me fait rire ! En plus, ça donne faim !

Et ça fait aussi rêver, surtout quand on baise.

Quand on baisait.

Là, je suis donc appuyé à la table de la cuisine, avec mon papier-et-crayon, et si ça continue, je n'écrirai que des bêtises. Il ne faut pas trop penser à la baise, on finit obsédé.

Elle a laissé énormément d'instructions, sur ce papier, sur la table de la cuisine, et j'éprouve une volupté telle — comme revancharde — à me faire des lignes, toute la matinée, sur cette table commune et sacrée, que je n'avais pas pensé à lire le mot de recommandations que je devais consulter seulement après son départ, mais « immédiatement après son départ ».

J'ai perçu, après je ne sais pas combien de temps, le premier signal de l'absence, la première trace du vide. J'ai voulu pleurer, d'abord, comme seule réaction convenable à l'apparition du merveilleux, et, en un instant, je me suis trouvé transporté dans cette émotion d'irréalité délicieuse, qui déborde soudain du vertige d'être pour toujours seul.

Un parfum avait dû sortir d'un coin, d'un mouchoir, des pages d'un livre qu'elle aurait lu plus souvent, plus longtemps ou de plus près que les autres.

Mais il y a aussi les bruits, légers, diffus, qui déjà ressemblent à des tyrannies.

C'est lui, l'Oscar, qui m'a réveillé. Mais comme je n'étais pas censé être là, je crois plutôt qu'il s'attendait à ouvrir la porte d'une autre façon. Un familier, connu dans l'immeuble. Discretos, et no problem !

— Décidément, on est pareil tous les deux : tu devais venir avant-hier, et moi, je devais prendre le train, hier. On a raté !

Il n'a pas relevé. Toujours très pressé et furtif, il était chargé comme un âne. J'ai acheté tout ce que j'ai pu. J'ai rouvert les valises.

Le trésor de guerre était bien entamé, mais quelle joie, là, sur la valise, plus de 100 grammes de CC, à peu près autant de hakik, plus quelques petites choses plus extatiques.

Je respire fortement.

L'oisiveté étant mère de tous les vices, je n'ai pas voulu en rester là. Chez Larbi : 4 bouteilles de Rhum St James.

Je m'assieds. Je contemple. Je ne pense pas. C'est que je dois mijoter des plans inédits. Il y a de la stratégie là-dessous, émouvante d'imprévu dans son insoupçonnable course vers la victoire.

Ô déesse aux yeux pers ! Où vais-je vaincre ?

De Madras à Manille
De Brest à Pernambouc
De Java aux Antilles
De Frisco à Cherbourg
J'ai entendu le vent
De partout de toujours
J'ai regardé le temps
Bousculer les saisons
La mer vineuse
La mer aux poissons
Et le temps m'a tenté
Et la mer m'a roulé
Comme sans quille
Du Cap Horn à Hambourg
De Nantes à Singapour
De Madras à Manille.

Je me trouve anormal. En moi il y a des choses bizarres. Je pourrais les énumérer, mais, si je les énumère, comme ça, à voix haute, je me trouve encore plus anormal. Il y a même d'ailleurs, en moi, des choses que je n'ose pas me dire, tellement elles sont anormales pour moi.

Oui mais, alors ? Est-ce que je dois me les dire, ou ne pas me les dire ? Aux autres, en tous cas, je ne les dirai jamais. Vous me voyez, allant voir quelqu'un et lui dire : « Monsieur, regardez bien. Vous voyez, n'est-ce pas, cette chose en moi anormale ? » Quelle honte ! Et s'il ne la voit pas, quel ridicule pour moi !...

Dur de comprendre et de devoir être normal. Il faut être normal, alors que de partout on se querelle sur des petites différences de caca. On ergote sur des envolées de prouts. Foule aux concours de cul. Et puis la suprême normalité de ce siècle, grand siècle du culte du muscle idiot. Jeux olympiques des handicapés de la tête.

C'est beau de voir ce siècle fondre dans ses chiottes. Relents d'irréversible, gaietés de condamnés, belles épidémies amoureuses. Oh ! L'autre ! On ne lâchera pas de si tôt, comme ça. C'est jamais assez d'armes, encore trop de cibles. On tire avec ce qu'on peut. À chaque haine ses moyens. Ça finira bien par s'égaliser, dans la stupidité par exemple. Déjà, à partir d'un certain nombre, il vaut peut-être mieux qu'on soit tous pareils. Cela permettrait aux plus cons de se ressembler davantage, et à ceux qui ne se ressemblent pas d'être plus cons.

En attendant, je regarde sans voir le petit univers où je me tiens, seul pour une fois, je n'entends pas le silence. Je fume un peu d'herbe pour goûter. Divin ! Un peu plus et ça doit bien casser. Mais comme je n'aime pas tomber, je prends pour l'occasion — et pour goûter aussi — une bonne grosse ligne de cette Caroline récemment acquise. Je resterai debout. Je tournerai en rond en attendant l'heure.

Rhum. Je crois bien que j'en ai bu des océans. Une petite lampée de plus.

Les couvertures de *Elle* sous les yeux, j'essaie de m'y retrouver dans le désir. Mais j'ai le rhum à la main et puis le pétard ! Je me dis quand même que la gueule des filles de *Elle* fait plus bander que le cul des filles de *Playboy*.

Attention ! Je vais m'assoupir et rater le train !

Ah ! S'en foutre plein le nez ! Y a des fois j'en crois pas mon tarbouif ! La tête en arrière, devant la glace de la salle de bains, je me regarde les narines comme deux petites grottes blanchies à la chaux, deux petites crèches accotées. Rien qu'en grattant et en faisant circuler, y a de quoi en chouter plus d'un !

C'est l'après-midi maintenant. Une sorte d'euphorie me gagne. « Mais comment tu fais pour en arriver là ? »

Elle ne sait de toute évidence pas de quoi elle parle.

C'est bien le genre à appeler ça la drogue, ce qui n'a comme propriété selon le dictionnaire que d'engendrer une certaine accoutumance, et d'englober sous ce terme un tas de produits différents, à l'exception du tabac et de l'alcool.

Il y a réellement en moi quelque chose (une lumière quelque part) qui admet que tout le sujet concerné : drogues, hallucinogènes, onirogènes, excitants, calmants, tout ce dont en moi il est question aujourd'hui, doit disparaître. Je peux dire d'une autre façon que, sincèrement, je ne vois pas sincèrement de moyen honnête de vanter les mérites de tout cela. Mais est-ce que quelqu'un peut, maintenant, dire que trancher le nœud gordien est une solution ? Il y a faux problème. La drogue ne se soigne que par la drogue, comme l'amour par l'amour. Même je me pose la question : est-ce que vraiment toute — n'importe quelle — habitude peut se prendre ? Si l'accoutumance peut se perdre, est-ce que toutes le peuvent ? Celui qui veut perdre celle qui l'a persuadé qu'elle allait le tuer est-il sûr de pouvoir à la place en contracter une autre qui ne soit pas mortelle ?

Peut-on vraiment être garanti d'habitude, puisqu'on en arrive à constater que la seule drogue est l'habitude, « l'habitude, notre bonheur quotidien ».

Comment je fais ? La SANTÉ ! Y a que ça. Tant qu'on a la santé, on peut s'en foutre plein tous les trous. Moi, tant que je m'en fous plein le pif, j'ai la santé. Forcément, un jour ça pète, comme tout le monde. Y a rupture. Anévrisme du naseau, distorsion du blair, chou-fleur au foie, tambour aux oreilles, singe vert dans le cul, dissonnements déréglés de tous les sens.

C'est l'après-midi maintenant, même un peu tard. J'ai dormi sur des images. J'en suis tout rougi. Les filles ! *Elle*, *Penthouse*... oui, juste une belle gonzesse pour me tenir compagnie jusqu'au train. Je suis vaseux. C'est quoi, la beauté ? Ça commence où, le cul ? Et puis, c'est plus philosophique. Y a qu'à faire des montages de photos. Le haut de l'une sur le bas de l'autre. Je suis sûr qu'on en apprendrait plus que dans l'Esthétique de Kant ou de Hegel. Et Madame Descartes bigleuse du haut, elle devait avoir les fesses sacrément symétriques (c'est elle qui a dû lui donner l'idée du malin génie).

Le cul... le Beau... on ne s'enchaîne qu'à l'indéfinissable. À ce qui « obscurcit l'obscurité ».

J'aime les trains, les autobus, les bateaux et les pavés du Nord pour la même raison : je n'y suis jamais le seul à tituber. Cette prédilection s'étend malheureusement si l'on peut dire, aux bars, d'où elle est issue. (On est certes très sévère avec l'alcool qui seul, pourtant, calme les tremblements du matin, voire même dans certains cas la diarrhée, disent certains.)

Je posai mes valises, mes sacs, tout ça sur une banquette vide. Mes gestes avaient une sorte d'indifférence avantageuse. Il n'y a plus de compartiments. Les gens vont et viennent, comme ils veulent. Personne ne disparaît vraiment. On peut même voir quelqu'un entrer dans les toilettes, et une lumière rouge, au-dessus, s'allumer.

J'étais seul dans le wagon. J'étais tellement en avance !

Je regardai mes deux valises. Je vis qu'elles juraient avec ce train si propre, si fatal, et ces gens si bien casés, tellement certains. Je me penchai vers mes compagnes aux flancs lourds, mais, au lieu de les hisser dans le « filet à bagages », je les pris par la main, comme on dit, avec fermeté, mais calmement, et déterminé, détendu, je descendis du train comme n'importe qui descend d'un train, et je gagnai la sortie comme on gagne en vainqueur. C'est-à-dire que je m'arrêtai tranquillement au Bar comme tout un chacun ; comme un voyageur qui rentre et retrouve ses bonnes habitudes. Aux regards exactement normaux qu'on me jeta, à la façon tout à fait positive dont je posai mes valises et m'accoudai au comptoir, je compris que, tout d'un coup, je n'étais plus ivre.

Et puis, revenu à la maison, j'ai appelé Dallas et Christina, pour qu'elles viennent. L'Allemande n'était pas là. Elle n'avait pas encore dîné, elle était avec un gros client. « Dans ton genre », ajouta-t-elle en riant ! Je l'entendis crier, tout excitée : « les filles ! C'est le Père Noël ! » Dans le rade, le brouhaha augmenta. Dans ce tumulte, je ne percevais que des bribes.

— Tu veux encore qu'on soit deux ?

Elles sont toutes partantes.

Vous me direz : « Ça doit coûter du blé, deux putes, à la maison, toute une nuit ! » Je crois aussi. J'en suis même certain. Mais là il fallait vraiment, j'avais besoin de deux putes. Combien ? Oublié. Celui qui se souvient, vingt ans après, du prix qu'il a payé pour deux putes, il n'a pas pris le même plaisir, il n'a pas vécu la même aventure, ce n'est pas le même genre de personne que celui qui ne se souvient plus. Celui qui a encore le chiffre en tête — et il ne se trompe pas dans son compte — il n'avait peut-être pas besoin de deux putes, en fait. Il ne pensait, sans doute, qu'au plaisir qu'on peut avoir avec une pute, et s'imaginait au moins le doubler. Il devait déjà calculer, au moment où venait le plaisir, au moment où avait lieu la déflagration sublimement égoïste, qui l'instant d'après le changerait en loque, feignant d'ignorer qu'il est toujours dérisoire, le prix qu'on paie pour qu'une femme donne à ce qu'on a désiré atrocement, gorge serrée, queue tendue, suant, la réponse exorbitante de son corps.

Après, forcément, elles ont appelé chacune un taxi. Le temps avait drôlement défilé ! Toutes les deux, séparément, aller se coucher. Parties avec tant de gentillesse, et plein de baisers et de sourires, encore plus belles, plus pures, plus jolies, mais ça, elles disaient que ce n'était pas vrai, pas possible, ça les faisait rire, un compliment ! Quand elles sont parties, je titubais. Ma tête tombait de tous les côtés. Je me suis mis à pleurer, à lâcher l'eau, comme un nuage, ça coulait de soi-même, comme pour me laver, me faire la peau douce, comme une fille, je pleurais. Juste après, j'ai entendu l'orage dans ma gorge. Et là, ça s'est mis à exploser sourdement, me forçant la poitrine et le front : « Merci ! Oh merci ! oh, mon dieu ! » etc. Comme ça pendant je ne sais pas combien de temps ! Merci, dieux et filles, et que vienne la mort, et que tout s'ouvre, que tout s'ouvre.

J'étais vide et tellement léger, je me sentais capable et ivre de tout accepter de l'amour. Peut-être à un moment me suis-je dit : « Y compris moi-même. » Mais j'ai oublié ça aussi. Je me suis souvenu des paroles, des gestes, de la musique de leur peau, leur rire, leur sourire. Pourtant, j'ai eu l'impression d'avoir tout oublié. Parfois, j'ai l'impression qu'écrire, c'est quelque chose comme raconter l'histoire de ses oublis.

Je ne voulais rien laisser devenir poussière dans le vent, disparaître aux cinq horizons de mes sens, rien de leur éclat, illuminations, timbres, souffles, cascades, ricochets d'explosions, voluptés bouillantes, irruptions météoriques d'un plaisir qui devient joie, sous les applaudissements de la raison jadis souveraine, et se mêlant, cette nuit, pour la première fois — mais c'est pour toujours — à la danse du Fou.

Je suis resté enveloppé, toute la fin de la nuit, en elles, et le matin, sans pouvoir sortir de la merveille de leurs robes, confondant leur parfum, et l'odeur du jour inévitable.

J'entrai dans la méthode. Ce que je n'avais pu faire la veille je ne l'imputerai pas à l'accident, mais à la première intuition d'imposture. La trahison me chassait de ma vie.

J'entrevoyais le style de mon retour. Je laisserai à tous tout le temps de leur tort. En attendant, je me vautrais.

Si j'avais été malade, comme tous le prétendaient, comme ils essayaient tous de m'en persuader, cette nuit m'avait guéri. La psychiatrie pouvait attendre et, comptant mes sous, je sentais gonfler en moi la certitude enivrante que j'allais manquer délibérément, une deuxième fois, le train du soir, oui, exprès.

Je suis resté longtemps dans l'appartement. Comme j'étais seul. Trois jours au moins. J'ai raté les trains. Le troisième jour, le téléphone s'est mis à sonner avec tant d'insistance que j'ai fini par décrocher. Elle m'a dit : « Je te préviens : c'est la Clinique ou moi. Je n'ai pas l'intention de passer ma vie avec un drogué ! » On a raccroché tous les deux. Et puis j'ai pris l'avion.

Il y avait du brouillard, et l'avion a dû se poser à Biarritz. Un autocar de la Compagnie transporta les passagers à l'aéroport de Bordeaux, mais pas à Bordeaux.

Le Docteur Muqueux guettait devant sa porte. Il attendait depuis quatre jours et devenait presque furieux, voulant à tout prix savoir si je me foutais délibérément de sa gueule ou si je le prenais pour un con !

Je lui dis que j'avais raté le train pendant deux jours, et que l'avion que j'avais pris, pour aller plus vite, avait été, pour des raisons météorologiques, détourné vers Biarritz, où je serais resté bien volontiers, s'il voulait le savoir, et qu'il commençait à me les gonfler, que je savais ce que je faisais, que ça pouvait arriver à tout le monde, etc. Et que je m'excuse, certes, Docteur !

Passer pour un drogué, dans un milieu restreint et un peu familier, est délicieux. Il n'y a rien qui installe dans une société familiale, autant de précautions délicates, de connivences émues, de prévenances fraternelles. La Terreur et la Pitié ont leur bonne part de tout cela.

— Il pourrait mourir maintenant, là, à table, dis papa ?

— Mais non, mon chéri, il essaie mais on va l'en empêcher.

— Tu verras, quand il reviendra, il ira beaucoup mieux !

Il faut bien que la maman mette son gentil grain de sel.

Minute de silence émue, quand je me lève pour aller aux toilettes. Mon retour, très théâtral ; provocant. On est aux petits soins pour moi, alors que je suis l'image du Mal : donc, je cabotine !

Ce que j'ai à dire, ce n'est pas ici que je peux espérer le faire comprendre. Je n'ai aucune réalité objective à opposer à l'opinion, aux idées qu'on a de moi. Si je le faisais, ces croyances brutes s'enhardiraient, et deviendraient vite des certitudes fanatiques. Je préfère décidément la pitié et le mensonge. Dedans, au moins, je joue ! Et j'en jouirai, avec conscience, avec de plus en plus de cynisme dans le visage de l'innocence.

Je me fais humble. Je souris à tous, d'un air un peu malheureux. Je n'aime pas mettre le doute dans l'esprit des gens. Surtout les enfants. Je fais le bon drogué, débonnaire, mais, bien sûr, imprévisible. Pas dangereux, non, mais enfin, on ne sait jamais ! Je dose.

Une chambre d'ami m'attendait. Sans doute depuis quatre jours, elle aussi. Je sentais, en y entrant, que toute la nuit, j'aurais à y repousser des essaims, guêpes et mouches, des assauts de remords, des regrets indécents. Ici, toutes les fautes imaginables pouvaient se présenter à l'aise ; elles auraient affaire à un lâche !

J'ai préféré descendre à la cuisine pour y examiner mes « fautes », et si « faute » il y eut.

Comme tout le monde s'était endormi, je me suis senti le droit de prétendre à une certaine liberté !

J'ai écrit sur un papier : « Je suis en boîte ; suite. » Après, je suis sorti. Je n'avais plus d'intentions, ni bonnes, ni mauvaises, rien.

J'ai regardé les filles. Tout le monde m'a demandé si c'était pas pénible que tout le monde vienne me demander si j'étais vraiment l'acteur de Cinéma... « connu », ajoutaient-ils, presque tous ! J'ai bu. Bien entendu, je n'ai pas bu tous les verres qu'on m'a offerts ! J'en ai planqué la plupart. Le dernier, j'ai réussi à l'offrir discrètement à une jeune fille qui me plaisait. On se regardait. Je lui ai passé le verre ; elle m'a embrassé en souriant, et je suis parti.

Je ne sais plus quel état d'âme j'ai pu m'inventer, me découvrir, pour rentrer tranquillement chez Muqueux, comme si de rien n'était, comme si tout cela n'était pas vulgairement injuste, et méchant...

« Salle d’attente ».

D’attendre, ça salit toujours tout ; vestons, gants, robes et âmes, on en sort moins propre.

C’est comme une Maison de la Culture. Forcément, on repart plus con.

D’attendre, ça peut être délicieux, mais pas en salle ; et la Culture, aussi, ça peut être bon, mais pas en Maison.

Mes amis, avez-vous bien pensé à tout...

La scène s'est passée dans un train, dans une gare ou sur un ballast, ou le long d'un quai, entre deux villes qui m'étreignaient. Et l'hiver aussi, vous ne l'avez pas oublié. Vous vous en souviendrez bien un jour.

Cette ville de Bordeaux où l'on ne voulait pas aller, qu'on a peur de quitter pour « l'Autre » ville perdue où l'on se perdra. Deux jours d'antichambre à Bordeaux... Antichambre... Le mot « antichambre », on y a tous pensé un jour ou l'autre, à ces rencontres, où ceux qui montent ne reconnaissent pas encore, dans les yeux de ceux qui descendent en titubant, leur présage définitif, qu'ils supportent pourtant par décalage, ou par déroute, comme moi, bousculé par vos exigences implacables dont vous ne réalisez pas encore l'exorbitante assurance, prêt à tomber sous leur poids, et certes avec patience : on m'avait déjà condamné et acculé à faire de mon aventure un métier, de mon amour un devoir, de nos amitiés des lâchetés.

Avez-vous pensé à tout ? J'étais loin.

Le bruit me colle aux tempes. Il s'aiguise, sous le martèlement. On dirait que le train transpire, sous le feu ; on dirait que parfois, il s'adresse au ciel, terrorisé...

Je monte sur la banquette.
Je fouille dans mes valises.
Je touche, je tâte, interminablement, comme un idiot, les bouteilles de Saint James, les chaussettes de Marie-Jeanne.

Je voudrais plonger mes doigts dans la Coke ; passer, sans fin, mes mains sous les jupons de Caroline, et me sucer, me lécher peau et ongles, en m'endormant, comme un enfant dans les détails...
... M'endormir, oui, comme un enfant détourné...

Le bras coincé dans la valise, la tête posée sur le couvercle, suspendu au filet à bagages, je ronfle. Je ronfle debout sur la banquette, pendu.
La sueur me réveille. Ou presque. J'essaie de voir autour. Avec un ostensible mouvement de maxillaires, je mange ma voix.

Mes amis, avez-vous bien pensé à tout ?
Je suis incohérent, oui. Mais je trouve qu'on devrait m'en savoir gré.
Ma maladie, vous devriez l'appeler : mon âme ; le système nerveux excentrique de mon éternité.

Je sais : personne ne se connait.
Cela convient à tout le monde.
Pourtant, il y a, — il reste — quelque chose à dire.
Croyez-vous que je puisse vous l'écrire ?...

Imaginez ! La scène se passait dans un train. L'émotion comme de l'eau secouée sortant hors des cuvettes dans un train. Comme un verre tombant au wagon restaurant, et l'impuissance de chacun, et le choc, malgré la permanence de l'obsession : se tenir ! Boire pour pouvoir rire, même en idiot, et se laisser aller au train, à tout l'ensemble fomenté de cette grave enculerie. Grave puisque finalement je m'y prête. Non. Je ne m'y prête pas. Avez-vous pensé : « Je me livre », cela une fois dans votre vie, une fois que votre vie, à peu près, y passait ?

Résister, bien sûr, c'est se glisser dans l'hostile, éprouver en s'y mélangeant la résistance de ce qu'on va devoir aimer, puisque le mot veut tout dire.

Quand on ose, il y a toujours un moment où on baisse les yeux

Quand on ose aimer, par exemple. De quel spectacle nos yeux se détournent-ils quand on cache leur regard ? Qu'est-ce qu'on ne veut pas voir quand on dit : « Je t'aime » ?

Elle pue cette gare. C'était pas prévu, ça, qu'elle pue. Qu'elle soit grasse, qu'à force de dégoûts promenés, trimballés, le sol soit mou de mégots et de crachats. Où est le départ, où est l'Orient, les mers du Sud ? Et Cendrars, et la Patagonie...

L'immense tristesse est partout maintenant. D'où la pourriture des gares sans mouchoirs.

« Buffet des Voyageurs ». (Y en a-t-il un aussi, à part, pour les Marchandises ?) Je me fais l'effet d'une glacière posée sur une banquise.

Mais la bière est chaude et je retranspire.

Buffet ! Trou du cul de la nuit. Bout du bout. Pourquoi il y aurait pas, ici, qui arrive, tout soudain, un ami cher ? Par hasard ! Mais non. Désert français.

Mon goût du luxe : j'achète deux sandwiches. Mais je les vois aussitôt comme s'ils étaient déjà du caca. Je les oublie.

Quand j'ai du fric, je laisse pas de pourboire. Pour voir. C'est quand il me reste presque plus rien que je laisse tout. Pour la dernière chance d'avoir un sourire, une sympathie. Gagner sa survie par délicatesse.

Je ne suis pas ivre, mais plein. Nuance ! Grosse différence ; comme un changement de cap par gros temps.

L'ivresse, c'est l'art d'être plein, comme la plénitude est l'art d'être ivre.

Je veux me débarrasser par l'abus.

Chaque fois que je m'assoupis, je bande. Ça fait presque mal. Peut-être parce que c'est pas exprès.

Bien sûr, on fait jamais exprès !

« ATTENTION PORTE DONNANT SUR LA VOIE »

C'est écrit en blanc, sur une vitre. Sans guillemets.

Les lettres sont comme après la guerre, aux portes des bordels, en noir, au pochoir :

OFF-LIMITS
TO ALLIED FORCES

Sauf que là c'est en blanc.

Une sorte de blanc granuleux, pas vraiment blanc d'ailleurs, plutôt grisâtre, qu'on a envie de gratter.

En essayant de gratter, je me rends compte que c'est lisse et que c'est peint de l'autre côté ; que si on veut gratter, il faut être dehors.

Mes mains et mes pieds ont des hoquets qui me font tanguer entre deux images : Anna Karénine s'offrant à son dernier train dans la gare d'Irkhoutsk, et Samuel Fuller cherchant sa première pute dans les bordels « off-limits » de la rue Saint-Denis...

Plus bas sur la vitre j'aperçois, écrit en tout petit, le mot : « securit ». Quoi de plus rassurant ? Je cogne mon front. Ce n'est plus de la sueur qui coule sur le verre.

C'est ce cul de locomotive en chaleur, ce cul irrémédiable et strident, qui me fait sortir le ventre par la gorge, qui me démesure jusqu'à l'adoration, l'hypnose inflexible, qui gonfle ma langue et ma queue vers l'atroce volupté, la mort immonde. Je coule de salive, je bave de bestialité, je râle de foutre... Heureux, les suppliciés à qui le désir arrache la bite !... Je ris très haut, comme un lunatique !

Je me vois bander à la vitre. Je me vois enfiler, baiser, bourrer le con de la cavale 4553 de la Société nationale des chemins de fer français...

J'y ai été, moi, chez les cinoques. Tout me paraissait mystérieux parce que j'étais saoul. J'étais sur le quai de la gare et il faisait un froid de soir d'été raté. Je serais tombé par terre avec mes valises si j'avais eu le courage, devant tout le monde. Mais je suivais encore dans ma tête le bruit du train qui ronflait, qui ne s'en allait pas. On garde toujours un petit espoir qu'au lieu de tomber on remonte, même sans valises, pour ne se sentir son prisonnier. Et puis un coup de sifflet, et on arrête de penser à ses amis, on est arrivé, perdu, seul au monde.

Mes amis, vous ne savez pas. Je n'en ferai grief à personne. Je garderai tout ce voyage entre nous. Mon dieu ! que de distances s'accumulent chez les cinoques, je me disais. Et le train derrière. Juste ce qu'il faut de danger. Moi, sur le quai, avec juste ce qu'il faut de confort dans la tête pour n'avoir pas le courage de tomber, entre les valises, serrées sur moi comme des cuisses, le nez au fond du tréfonds du trou. Ah ! je ne devrais pas exagérer... Alors que le train repart.

À un âge qui n'est plus pour moi la jeunesse, dans une ville qui n'est plus Paris, je n'espère de l'amitié des autres qu'une chose : la prochaine fois qu'un homme pleurera seul et nu dans une cave, que ce ne soit pas moi.

Archipel des polynévrites

Hôpitaux ou concours, ce n'est pas pour vivre qu'on a cassé, plaidé, aimé, tué, souffert ; c'est pour survivre, pour se retrouver, après...

C'est avant de vivre : survivre.

J'écris tout de suite.
Est-ce que j'ai peur ?
Non, pour l'instant.
Cet enculé de taxi m'a brutalement plongé dans l'ignominie, mais je ne sais pas encore quoi redouter, ni de quelle blessure je serai, ici, guéri, ou paralysé.
On verra plus tard.
On m'a prévenu tout de suite. Demain ce sera même jour, même nuit. Demain, c'est dimanche, et de toutes les façons, j'ai une semaine de retard, personne ne va se précipiter. Déjà bien, que deux infirmiers, qui sont là, stagiaires, pour leurs études, et une grosse pouffiasse en chef, chargée de me donner une serviette (comme au bordel !), soient restés à veiller, jusqu'à onze heures du soir, en hiver, pour m'attendre !

— Vous me feriez une autographe, pour ma nièce ?

— Volontiers, parce que la main au cul, y a pas d'espoir !

Elle n'écoute rien !

Déjà bien, qu'on soient restés, à trois, pour vous montrer la chambre !

Montrer est le mot juste : on ne pourrait pas entrer, à quatre. Moi tout seul, déjà ! Je remercie la Coke de m'avoir fait maigrir... bref. Pas flipper tout de suite, c'est la consigne.

— Le Docteur Bichou ne pourra vous voir que mardi. La toilette est derrière le rideau. Bon, je vous ferme, bonne nuit, vous pouvez pas ouvrir, de dedans, alors, si jamais, je sais pas, vous appuyez sur bouton, là, comme ça. Bon, ça va, au moins ? (soudain humaine !)...

— C'est formidable !

— Ouais, faut pas exagèrer !

Elle ferme.

Elle a fermé.

Première pensée, style : « Saturday night branlette ! »

C'est incroyable, comme le sourire, en moi, résiste !

Mes amis, avez-vous bien pensé à tout ?

Ma maladie, vous devriez l'appeler : mon âme ; le système nerveux excentrique de mon éternité.

La nuit me démange

Je ne sais pas quoi, mais ça me gratte. Je gigote comme pour me dégourdir de fourmillements suspects !

Léthargie, pourtant, mais superficielle.

Les gratouillis, eux, sont profonds ! Inaccessibles à l'ongle, et permanents comme une envie de hasard.

Est-il inutile que je sois malade ?

Êtes-vous sûrs que je doive m'ôter de vous ?

Si j'étais seulement sans idées, simple et simplement bête, heureux sans en savoir rien, riant béat de tendresse devant l'inanité du Monde, satisfait donc parfait, inutile dans l'absence, fervent de rictus et de bave, câliné par les grands, asticoté par les enfants, dérisoire comme un objet, je serais au moins ailleurs en moi-même et absent de l'inutitilité absolue.

Mais je suis sans mots.

L'incrédulité de mon enfance, on me la décrivait comme la stupeur d'une poule découvrant un couteau ! Moi, imbécile, je cherchais ce qu'elle eût pu en faire. En revanche, que « los Reyes Catholicos » aient pris Grenade l'année même où Christophe Colomb découvrait l'Amérique me paraissait évident, urgent, absolu comme une grammaire. Jamais je ne m'interrogeais sur la nécessité des inventions, découvertes et trouvailles. Mais je suis toujours inquiet pour cette poule dénichant ce couteau ! Je ne saurais décrire l'émouvante rencontre !

Parce que je suis sans mots, impuissant à déchiffrer l'énigme qu'ils composent ; je ne sais plus rien de leur volonté de dire.

La piqûre de magnésium du matin, la première, est supprimée du traitement. Je fais l'enfant.

— Oh ! C'était si bon !

— Je croyais que vous n'aimiez pas les piqûres.

— En effet, je n'en suis pas maniaque. Mais, Docteur, cette divine chaleur, je l'appelais — (je plagie outrageusement Giraudoux !) — je l'appelais : l'aurore, Monsieur... Cette invasion du feu dans mes veines, séchait, comme rosée, mes larmes impitoyables ; cette somptueuse cérémonie inaugurale, ce cortège brûlant qui arpentait mes artères, promenait mon ardente paresse d'un organe à l'autre, cette médecine essentielle, où se vautraient mes froides voluptés, voulez-vous dire qu'elle m'est, désormais, interdite ?

« Quel mal veut-on encore me faire ? »

— Ce n'est pas interdit ; ce n'est plus nécessaire. Vous avez vos comprimés.

— Docteur, il faut que je vous parle de ma « dépense en pure perte » ; et aussi de mon hygiène, et (cela va ensemble), de ma santé.

Il faut que vous soyez instruit de l'économie de ma Politique, la « N.E.P » de mes nerfs, des plans quiquennaux de ma cohabitation avec mon corps, du travail de ma dictature sur ma vie, mes conseils, mon électricité sans pouvoir, du stakhanovisme auquel je suis contraint, pour me mériter moi-même. Comprenez-moi, une fois remise sur ses pieds, ma dialectique s'est tirée, en me laissant dans la merde...

Il a fallu bien de la vaillance, de la patience, du temps, pour que je la retrouve, enfoncée, cachée, gluante, dans ma « Part Maudite ». Et, sans doute, grâce à vous (enfoiré !), principalement grâce à vous Bichou, le brouillard s'est levé, oui, mais sur le même champ de batailles, sur les mêmes cadavres sanglants, mêmes blessures, mêmes agonies.

— Ne dramatisez pas, s'il vous plaît.

Il m'a suggéré de faire du tennis, ce bon Docteur Bichou.

— Vous devenez chiant, Bichou :

Il répond pas : j'insiste.

Non, il n'a toujours pas entendu.

— Je veux dire : si vous le prenez comme ça, Bichou, je vais devenir très *chiant* !

Il a entendu ! Il comprend, ça y est !

Demain matin je passe à l'action !

C'est finalement d'être seul qui m'a conduit à la solitude. Ou plus exactement, à imaginer la solitude. Car rien n'existe de ce qui est réel si ce n'est pas imaginé. J'ai des forêts profondes, mais je ne les connais plus. Je les imagine pour éviter le pourrissement ou l'assèchement des sources, ou l'invasion des guis et des lierres étouffants.

Vivre, seul acte imaginaire.

Les traits que trace la nuit, le long des arbres, à leur portée, à portée de leur chute, comme si, bienveillante, elle prévenait...

Il y a déjà la neige, et la sagesse des oiseaux qui ne crient que rarement, seulement pour rappeler le silence. Ils disent aussi, sans que l'on comprenne, que le silence est favorable, et que leur alerte est sans message, vierge chaque fois, qu'elle rend l'éternité urgente.

Ce que l'on n'ose pas, il faudra s'en défaire. Pas seulement un jour, ni pour toujours... non. Seulement se défaire de ne pas oser.

Je regarde la nuit continue. Comme un néon noir.

Ce qui dure peu, pèse plus, me disent ces accouplements brefs des deux moitiés d'être que je suis.

Je me tue, moi ; je me tutoie sporadiquement; comme vous et je : tu veux te débarrasser, et je ne peux m'aider. Tu as choisi de m'enfuir, et je cours, haletant, drogué, rêvé, comme pressé hors d'un fruit, comme de deux doigts on appelle le destin...

On commence serré. On finit plutôt large, élargi. On parle aussi de la hauteur, ou taille, du bébé, quand il croît ; de la longueur, ou dimension, de sa boîte, plus tard. Comme mariage et divorce, dans la continuité.

Mon comportement, ma conduite. La clef : à considérer comme une mithridatisation permanente contre l'échec. Peur du risque. Maladies. Non pas volonté d'en finir. Attente. Toutes sortes de remèdes jusqu'à la patience, comme si je visais, initiatiquement, à la Haute Sagesse, à laquelle je ne me risquerai pas non plus. Je ne vise à rien. Homo Eludens !

C'est bien le Théâtre. Au moins on n'a pas peur. Ou seulement de choses ridicules, d'accidents mécaniques, qu'on se raconte, après, plus tard, devenu vieux et « ringard ». Comme le Régiment.

Au Théâtre, c'est le trac. Là au moins, on peut plus penser. On risque pas de mot historique, genre : « Tu trembles carcasse... »

On risque pas de mot du tout.

Même pas de mouvement, des fois, quand ça vous prend grave, bien au fond, très loin des molaires, des maxillaires, qui ne tremblent plus, tout d'un coup. On se voit inaccessible à soi-même.

Un jet de lave pétrifié à peine jailli.

Une épilepsie figée.

Faut un Régisseur, ou deux, pour pousser, jeter en scène, l'espèce de pain de glace suant qu'on est devenu en une seconde !

Une fois en scène, on sait qu'on n'aura de génie qu'à ce prix.

Tout fond très vite. Ne reste que la tension.

Ou trop d'aisance apparente.
Ou rien, et alors : salut !

Finalement, là ou ailleurs, bas-quartiers, bistros, théâtres ou clinique, j'ai jamais eu qu'un seul problème : survivre. Me retrouver, après...

Pour vivre un « grand moment de Théâtre », faut avoir survécu au trac.

Je suis enfermé.
Moi, je peux pas fermer.
Élémentaire !

Déjà, les valises contre la porte, pour commencer, la chaise dessus, que j'entende venir au moins, au moins ne rien guetter d'avance.

Voilà. Façon, style : « En attendant Bichou ! »

Écrire tout de suite.
J'ai rien à dire. Et surtout à personne !
Si ! des lettres, tout de même ! « Fan's mail » ! Depuis le temps que je dois, je sais, que je me dis que je...

Écrire ! je suis, pour l'instant, surtout spécialiste en points de suspension !
Mais pas de « petite musique ». Rien à moi. Rien d'inventé.

Pas ici. Mais j'ai peur, oui.

Ah ! Ah ! Vite ! Oui ! Docteur ! Un pétard et une ligne ! Ah ! Ah ! Voilà l'trafic, Docteur !...

Installons-nous, n'est-ce pas ?
C'est bon, il est tard, maintenant.

Je pense à un ami inconnu. Je pense à Adamov. Je pense au « Bison », aux gens dont j'ai rêvé, à Kessel, à Chet Baker, pas aux vivants amis absents.

Clinique, dur à définir. C'est quand on préfère être vieux que refondu au noir, on préfère le pavillon des longtemps malades que le joli coin fleuri, un peu plus loin, là bas, avec ses pierres gravées et la paix première du repos éternel.

Clinique : on garde la maladie. On la change plusieurs fois par jour, on lui nettoie les fesses, on la tapote, on la berce. Elle se transforme. « Oh ! comme elle a changé en huit jours ! » On ne la reconnaît plus !

Je suis venu, docteur, oui, mais finalement, je ne veux pas que l'on me guérisse... Et d'abord, où en sommes-nous de la recherche, et que sait-on du mal de guérir ? Sait-on enfin, par médecine ou philosophie, ce qu'est un homme, et par conséquent ce qu'il doit être ? En a-t-on découvert, au moins, le modèle ou mis au point l'éventuelle définition définitive ? Serais-je donc vraiment coupable de discontinuité génétique ?

S'il n'y a pas de solution, alors à qui profite le problème ? S'il n'y a pas de drogués heureux, alors moi je suis dans le camp des heureux, que vous ne connaissez pas davantage que celui des drogués, parce que ces deux aventures, asymptotes de l'âme, s'élancent ou s'enfoncent à des profondeurs et des altitudes que vous ne pouvez concevoir. D'ailleurs, chers savants du bonheur, vous ne le mériteriez pas. Vous n'êtes pas dignes.

Rien, monsieur, ne fait jamais le bonheur de personne ; vous pouvez concevoir au moins cela, le constater, le vérifier par expérience. J'ai eu, tout de suite, la prudence et la sagesse d'aimer immédiatement.

Si je dialoguais pour de vrai avec vous, si écrire c'était comme parler avec les gens, alors qu'on n'est même pas certain de leur parler tout court, je suppose que tôt ou tard vous finiriez par me dire, comme le docteur : « À la tombe, Léotard, à la tombe ! C'est à la tombe que vous courez, et je dis ça parce que je vous aime, vous le savez ! » C'est ce qu'il me dit, à chaque fois. « À la tombe, Léotard, à la tombe ! »

Des fois, je me laisse aller à rêver, un instant, que je suis un original ! Quand je me ressaisis, j'ai la tentation de lui révéler que nous avons là un petit quelque chose en commun, mais j'ose pas, ça serait pas gentil, même un peu irrévérencieux, alors on parle sport, diététique, religion ! Je me prendrais, pour un peu, pour Fantômas, ou ce genre-là !...

C'est drôle, les seules choses qui le font rire c'est quand je raconte, comme naïvement, des trucs vrais. Là, il s'éclate de sa belle voix de basse ! Un docteur, il croit que ce qu'il veut, finalement, qui est-ce qui va aller vérifier, même entre eux ils se consultent, et ça aussi c'est louche, qu'ils aient pas confiance dans leur propre diagnostic, sauf dans le cas où tu es pas docteur. Là, ils sont infaillibles. Mais s'ils ont un prout de travers, vite ils vont montrer leur cul à un collègue !

Non, ce n'est pas ma sexualité sous-jacente qui a mobilisé, en premier, l'attention des Médecins.

Trois : Bichou, Casscouille, la Châtreuse.

Pour commencer. Neuf heures du matin ! Tous les trois rôtant Thé et Café-crème, moi à jeun. Voilà : c'est typiquement dans ces cas-là que je suis con ! Dieu sait que je suis menteur, et que, ivre-mort, je ferais croire à n'importe quel Prophète que je suis dévotement en route pour La Mecque, l'estomac revêtu de probité candide et de lin blanc, Allah akbar, et tout ce qui s'ensuit. Et là : minable ! Depuis le riz à l'eau et le lait caillé d'hier soir, comme le dernier des cons, j'ai observé le jeûne !

Ah ! je les comprends : « Mon pauvre Léotard ! » Je me joins à la litanie.

Je ne laisse rien se mettre en place. Pas la nostalgie, pas la bile amère non plus. Je peux, pour l'instant, pendant quelques jours ; je peux aller méthodique, systématiquement, avec la Caroline : un sentiment de travers = une ligne. Simple. Et ça marche. Ils se gourrent, tous. L'âge, c'est vrai. Plus d'effet euphorisant. Oui, mais ça efface, toujours : ça gomme la connerie de passage, le nul anecdotique, le trop caca inutile, qui englue, par instants.

On verra bien.

En tout cas, pas rêver, là, c'est facile.

Échapper est mon obsession. Je suis capable d'efforts surhumains pour ne rien faire.

C'est une sécurité, ne pas vouloir.

Et je suis là, dans le désert.

Pas oublier, c'est tout.

La « Châtreuse de charme », Médecin sous-chef — ou sous Médecin-chef — en tout cas : déléguée, me déplace, une fois de plus, les roustons vers sa droite, (pour moi : côté cour) pour s'assurer que mes ignobles manies, mes « manipulations », bien compréhensibles (« Mais c'est tout à fait normal, monsieur Léotard ! C'est une pulsion spontanée ! Tous les garçons font ça ! Même les grands ! C'est naturel ! »), n'ont pas provoqué, cependant, de hernie, laquelle, eût-elle pris le risque de s'étrangler, aurait, sans nul doute, entraîné de grandes et graves fluxions, dans la région de l'aine, et susceptibles de déborder jusque... là !

« Là », c'est mes couilles.

S'y attarder lui fait du bien.

Mais elle n'en reste pas là. Il y a d'autres sujets d'inquiétude !

Dans l'ordre : la peau de la verge, si fragile... La prostate, à surveiller sans relâche, et, principalement, et surtout : la marge de l'anus, à cause de quoi elle ne peut pas croire en Dieu !...

Comment un Dieu, en effet, aurait-il pu concevoir, imaginer, créer entre une peau saine et un sphincter vigoureux, ce transparent tissu, cette frêle semi-muqueuse, aux allures d'hymen, qui s'infecte chaque fois qu'on se met un ongle sale dans le derrière !...

Du coup, pendant ce temps-là, nous bavardons.

Nous parlons de Médecine, de serment d'Hippocrate, de vocations...

Ah ! Et aussi de : Littérature !

Elle vient de lire *La Peste*, d'Albert Camus, car elle doit soutenir, bientôt, une thèse traitant des Epidémies, ces grandes maladies du Moyen Âge.

Soutenir ! Une manie ! En tous cas ses mains ne s'en lassent pas. Heureusement que j'ai pris de la poudre à groin avant la visite, sinon je banderais.

Elle ferait la gueule, à mon avis.

Il faudrait que j'aie de l'esprit.

Difficile, quand on parle de couilles !

Je la branche sur Galilée ; sur la révolution qu'elle-même opère dans les volumes sphériques, les sections coniques, la pomme à Blaise Pascal, tout ça...

Mais je suis pas près de la coperniquer : elle connaît mon problème, elle est adorable ; elle laisse tomber ; avant la tétanisation définitive des maxillaires.

Elle sort.

Je suis sûr que je guérirais si je pouvais caresser, à mon gré, les fesses de cette infirmière. Quand elle s'y oppose, j'en rêve et ma concentration n'a plus de bornes. Même de la distance, je peux me satisfaire. Pas de l'absence. J'ai besoin de savoir qu'on est là, non loin de moi. Pour m'hypnotiser sur ses fesses, mais les yeux fermés à l'oreiller, il faut que je l'entende marcher dans le couloir, passer, jambes nues sous sa blouse, le long de mon lit dérisoire.

« Tout cul qui part est beau ! » me dis-je.

Et de hisser, en adieu, comme une dernière fois, le frêle attribut, plus symbole qu'objet.

... Pour m'aider à mettre un terme à mon érection déplacée (côté jardin !), elle revient, et, par la porte entrebâillée, me lance :

— Et n'oubliez pas les protéines ! Y a plus de muscles ! Y a plus rien !

Je débande comme un lâche !

La mémoire prétend toujours faire toute la vérité sur ses oublis, mais sur ses souvenirs, elle a des pudeurs louches, des flous artistiques, elle évoque des invasions troubles, cherche en vain, toute la vie, le fond du dedans...

Mais qui peut dire qu'il n'a jamais demandé à vivre ?

Si nous maigrissions tant et tant, vivant sans couleur, à devenir blanc, sec étriqué, à tout coup nous n'aurions plus besoin de notre éternité de vers, ni de celle, surtout, qui fit ce que nous fûmes, fumées au vent...

Il est vrai que ça ne coûte pas plus cher, de mentir.

... Je n'aurais plus à me soucier de mon regard, mais vous regarderez sur moi l'ange de la certitude, sage gardien de votre obscénité...

Y a pas de nom pour « ça » ! Dans aucune langue !

Même une photo pourrait pas donner une idée juste de ce que c'est que : « ça » !

« ça » est du genre : sexe femelle.

« ça », ici, s'appelle : une infirmière.

« ça » a des doigts — plus courts que ses ongles — et couverts de bijoux, des colliers cachés par le gras du cou, le cul entre les reins, les jambes le long des bras, le nez dans la bouche, la langue dans les cheveux, des poils d'éléphant collés sur les cils, les yeux au-dessus des sourcils, trois couches d'hémoglobine sur des bouts de résine bleue, qui font comme des dents quand elle parle... Ah ! Je peux pas ! Non ! Je veux plus penser à « ça » ! Je vais me coucher...

Il faut que je lui trouve un nom. C'est toujours ce que je fais. Pour des tas de raisons : pas dire le nom des gens quand on écrit sur eux, genre : discrétion assurée ; et puis aussi, ça précise ce qu'on pense, ça aide à se remémorer... « Sitting Bull » !... « Buffalo Bill », « Tête de nœud », « œil de vrai con », etc.

« La Femme-étron », je vois que ça !... Comme une gentillesse, un compliment...

« ça » m'a rendu malade, toute la journée.

Mais je croyais pas si bien dire : son boulot, c'est de collecter la merde... Elle m'en a demandé un extrait, ce matin.

Ce soir, elle revient, très allumeuse-susurrante :

— Vous avez pensé à mon petit cadeau ?

La main qui me mène, sa destination est sûre, mais moi qui ne sais pas où prendre, depuis toujours je passe pour écervelé, condamnable, aberrant ; chanceux mais voué, tôt ou tard à riper, promis à la glissade.

Tout à l'heure, j'irai me pagnoter, épuisé de sourires, tordu de courbettes, écœuré de gentillesse, accablé, abruti d'idées reçues, etc.

Côté gonzesses, carrément les trouilles ! Moite.

Deux jours de cantine. Avec les moins atteints. Pour faire plaisir à Bichou. Pour faire simple, façon style : Tour d'Ivoire, pas bêcheur, le mec coule, familier, genre : pas fier comme acteur, star de cinéma, vedette. Un jeune, grosse bave :

— Ah ! Vous êtes aussi bien dans la vie qu'au naturel !

Mais le premier que j'ai eu droit, c'est : « Je vous aime beaucoup comme acteur, et aussi Guy Lux ! » Suite à ma gratitude relative, ajoute : « J'aime pas dire du mal des gens que tout le monde en dit d'eux... » Un truc comme ça.

Une table ronde, grande comme j'ai jamais vu. Dessus : flotte, pilules, ronds de serviettes ; le reste c'est de la soupe, et autour : les cinoques ! La tribu des Cingléros, le club des entonnoirs. Tout de suite conseil de guerre.

Je dois passer pour une réincarnation du Roi Arthur : il y a quatre pilules, dans la petite soucoupe en plastique, à côté de « mon » verre d'eau.

Conseil de guerre chez les autres Chevaliers du Graal Mou. On m'observe. Y en a qui se penchent, de tout leur corps, pour me regarder par le travers, une fesse après l'autre, comme s'ils étaient bigleux du cul.

En fait, on ne parle pas vraiment de Cinéma. Entre fondus dégoulinants de la tête, on cause que de la fonte des crânes.

Ce qui m'a toujours surpris, c'est que personne se demande jamais vraiment pourquoi : « Je fais ça pour faire plaisir »...

On dirait, à chaque fois, qu'ils y croient, que je dis ça pour de vrai, que c'est, en effet, la raison pour laquelle je suis assis, par exemple, un jeudi, à midi, pour me compliquer, entre un mec qui délire, et une gonzesse qui pleure, guetté par une demi-douzaine de schizophrènes, à boire du riz à l'eau, tout en versant, délicatement, dans la tisane « composée », quelques discrètes pincées de cocaïne, heureux, fou à table dans une maison de fous !...

Qu'est-ce qu'il y a ? Ils me voient beau ? Ils sont transis au point de croire que je suis innocent, que j'ai qu'un souci en tête : leur faire plaisir ?

Ici, au moins, avec toutes les piqûres, je pourrais dire que j'ai fait carrière grâce à mon cul !

Y en a peut-être qui croient que chuis une star du porno, à voir le soin qu'on porte à mon postère.

Mais c'est à qui me piquera ! Et ici ça fait pas dix mètres carrés. Pas plus de deux à la fois. Le défilé ! La queue. Complet à chaque séance, sans dessin animé !

Et les pilules ! Ça fait dix-huit par jour. Faut que j'apprenne à gerber proprement.

Ça fait déjà deux fois maintenant que j'écris le soir, ici, dans cet endroit, sur ce cahier voué à l'aube. Deux fois. Deux soirs. Et la première fois, c'était même la nuit. Aujourd'hui, donc, le deuxième jour, je veux dire : le deuxième moment, je me suis dit de le faire. Si demain je me relis, je penserais : ceci, tu t'es dit : fais-le. Hier soir, tu t'es dit : écris...

Pourquoi ?

Il est rare que je fasse une chose que je me suis dit de faire. Rare que je m'obéisse. Rare aussi de me retrouver devant la page blanche avec ce motif connu : ce que je fais, je ne sais pas pourquoi je le fais, donc je me l'impose, et quelqu'un en moi pose ses mains sur l'autre, et y écrit des signes... On trace des lettres, c'est une manie, on les déchiffre, autre labeur inutile, mais qui écrit sur qui ?

Si je me faisais du mal, quel instrument choisirais-je pour ma torture, quel venin, pour jouir de l'empoisonnement ? N'est-ce pas ma seule question, mon seul poste d'attaque et de défense, ces mots permanents : dire oui à faire, pendant que se fait l'autre, sans nom.

Je regarde, fasciné, l'impressionnant silence de mes mains. Je cherche la raison de le tordre. Je n'ai pas tort moi-même, je l'aime maintenant et l'entoure de lenteur.

Il est difficile, en ces temps, d'être plus précieux que JE, difficile de l'être moins, et j'ai déjà été moi-même. Où mettre l'œuvre ?

Elle sera placée dans ces rangs. Son heure, elle la montre.

Demain, est-ce bien nécessaire, un poing (point ?) suffirait peut-être, mais sans phrase, à la mort.

Cinoque City. 8 jours.

La haine s'apaise à tel point que j'ai honte. Je vais me haïr, moi, si je continue. « On me le paiera », je me dis bêtement, au lieu de réfléchir.

Mais, à propos de fléchir, je me plie à tant de servitudes !

Et voici que ce soir, mon cœur se déchire. Je pense à l'Argentine, ce virus d'exil qu'on m'a inoculé, inépuisable de nostalgie.

Voler à Buenos Aires, San Isidro... Revoir Mario, « El carpentero », aller jusqu'à la certitude que tout est irréparable, pour toujours.

Je ne peux pas la mesurer, la région de mon cœur perdu dans les fleurs d'une villa reposant le long d'un couvent, comme une balle de tennis qu'on ne renvoie pas, au son des oiseaux, au bruit de l'eau, à l'évasion, à la fuite des nuages condamnés...

Et toutes ces survies, ces miracles symptomatiques !... Vécu... oui, vécu, qu'avons-nous vécu, qu'avons-nous connu de ce sud de l'âme, sa croix nécessaire ?

Ô ma tristesse, comme tu vas loin pour pleurer ! Tellement loin au point que je te salue quand tu reviens, morte ou vivante, que tu me captures, tôt ou tard, que tu m'inclines.

J'ai vécu dans la sorcellerie de la poussière. Dans les remous, dans les traces, dans le silence bouleversé de l'intimité des volcans. J'ai connu la tyrannie du linge, le règne des miettes, les collections de pièces jaunes, j'ai recyclé le tabac des moquettes, piétiné l'eau sale des carrelages, moi qui devais être marin, je n'ai navigué que de cloison en cloison, de caves en cabanons, égrenant mes valises, mes autos sans plaques, mes sacs poubelles, écumeur, c'est comme cela que l'on dit, écumeur des mers froides de l'amitié ordonnée, pauvre pirate des moyens des autres qui me menaient, logiques, à ma fin. J'ai failli me perdre.

Je ne collais pas bien avec la peau de ma personne sans savoir que mon humeur était déjà celle de mes personnages.

J'étais acteur, et j'avais la passion du mensonge. Je ne fuyais pas, certes, la « vérité vraie » qui est une chose très importante de la vie, comme deux et deux font quatre, mais je la laissais tranquille. Elle ne m'était pas d'un grand secours : je n'espérais d'elle que la fulgurance de son apparition, son explosion bouleversante. Je n'étais ému que par la longue et lente pudeur de la vérité, sa timidité insurmontable, son obsédante discrètion. N'étant pas un Sage, je n'avais pas de certitudes. Mais je n'étais pas fou, je n'avais pas, non plus, d'opinions. J'étais songeur.

Mais j'avais des images fixes. Le flux délicieux de la pensée permanente et vague ne passait plus. Bloqué dans le vide, piétinant des chemises, bourrant de coups de pieds d'innocents sacs plastiques.

Ô mes sacs plastiques ! Mes fragiles, mes vaillants, mes précieux compagnons dans toutes les détresses de tous les départs ; mes déposoirs, mes entassoirs, et tant de merveilles froissées, déchets de triomphes, amoncellements inutiles !

Vous êtes comme des chats qui me suivraient partout. Vous avez vieilli, usé. Vous avez, plus que quiconque, pactisé avec le crime, transporteurs, receleurs, depuis des années, des effroyables quantités d'alcool qui chauffaient mes nerfs à les fondre et préparaient lentement l'anesthésie fatale de la polynévrite.

Comment d'ailleurs, se débarrasser de l'obscénité de ce corps ? Comment faire pour que l'on ne me voie ni vieilli ni mort ? On peut très bien mourir pour soi-même, en bavant, familier de son horreur. Mais, laisser cette trace, cette fausse piste, ce prophète de son passé, drogué d'éternité, surdosé de certitude, là, froid et jaune, et puis tant pis, qu'ils se démerdent, ou tant mieux même, pour une fois !... pour une fois que quoi ?

On ne le saura pas. On ne sait déjà rien.

J'ai cherché un ami qui me cache. J'étais vain. Je vivais dans les opinions. J'étais fervent, sans le savoir, ou sans savoir pourquoi. Je n'avais pas pied dans le ciel. La gorge haute, pourtant, je célébrais des fantômes. Je me fis entendre, je me fis voir, on me jugea, pourtant on m'aimait bien... Les rats pendant ce temps-là... mais on sait tout cela : ce que font les rats...

J'ai eu à feindre l'ivresse. J'ai eu à jouir du mensonge.
Aimer les traîtrises offertes.

J'en suis à un point extrême de faim, de fatigue, de rêverie, ivre d'un vide dont j'attends tout. Je ne sais plus quand je tomberai, ni où, puisque le calcul final et fatal sera d'ordre balistique, d'un ordre qui ne peut compter ni sur mon attention, ni sur ma mémoire. Il ne s'agit que de plaire et de calculer, à peu près, le temps qui reste pour l'espace à franchir, le ralenti impitoyable du désespoir à la moquette.

Cependant, la main écrit. En attendant. Mais les mots qui me tombent des doigts ne déclenchent rien. Je tombe sans voir les chutes. Je coule comme un torrent fracassé se laisse prendre au piège du fleuve, ignorant tout de l'exil qui l'attend, comme moi la moiteur des rives sans rumeur, la fin de la colère, loin du vertige éblouissant, sel et vase.

Je suis là. J'attends des audaces qui toujours me déçoivent. J'ose ne pas aller plus loin que le jeu. Pourtant, je triche la règle. Mais la triche revient au même. Moi, j'ai eu plus de chance que n'importe qui au monde, et j'attends, en plus, un miracle ! Pourquoi pas ? À quoi rimerait toute cette poésie, sans l'apparition violente d'une beauté imperturbable ?

Déraison réglée de tout l'esprit.

Je traîne, comme la fin d'un orage. Je m'incline tardivement devant les victimes.

Mais ce n'est pas honte.

J'aime le barbare.

Et si toutes ces errances, tous ces péages douloureux étaient comptés pour rien ? S'il fallait encore, au fur et à mesure, payer ce qui n'est même pas un rêve, à chaque fois...

C'est de la folie de se prétendre fou, mais il est sage de l'être. La folie la plus meurtrière, c'est l'ivresse d'être sage. Mieux vaut être saoul de sa connerie.

Bon. Je suis là. Essayer d'y voir clair, avant de tuer. Avant de s'acharner à l'irrémédiable. Je me dis que tout est tellement facile ! Je suis là, pour être sevré de ma cocaïnomanie « persistante ».

Le docteur Bichou en est manifestement troublé.

— Vous dites, en gros deux grammes par semaines, n'est-ce pas ?

— Oui, c'est quand, que c'est dangereux ?

— Cela dépend, vous vous en doutez, des sujets et des conditions, du milieu ambiant, etc.

— Mais, écoutez, docteur, jusqu'à présent, ça m'éclate, comme disent les jeunes, c'est à peu près tout ce que je sais. Alors, ça se traduit par quoi, si on exagère, les troubles, les symptômes, c'est quoi ?

— Bon. Le premier symptôme, ce sont les troubles de la vision.

Le deuxième, c'est une catastrophe indescriptible.

Je demande, à défaut d'images saisissantes, des exemples frappants.

Mais il paraît que le terrain est « délicat » !

Surprenant, pour un terrain !

Tout de même, nous y accédons.

— Qu'est-ce qui vous est arrivé dans votre enfance ?

Je voudrais pas me coucher. Je voudrais pas dormir, non, jamais.

Mais tout va bien ! Tout continue à passer avec une prodigieuse lenteur. Ce temps, ces semaines, ce temps dont les poètes parlent tant, ce temps que tout le monde hait, tant et tant que c'en est suspect, disons plutôt : ce passage, me paraîtra peut-être, un jour, majestueux.

Il y a déjà de la « majesté », dans mon installation, que, pourtant, j'espère provisoire.

Ma petite lampe rouge, (deux ampoules de rechange) à elle seule, crée, sous le lit, une ambiance, façon : « Bar Américain » !

« La vie, ce n'est jamais si bon, ni si mauvais qu'on croit. »

C'est la dernière phrase d'un livre de Guy de Maupassant : *Une vie*.

Si mes souvenirs sont exacts. Je n'ai pas eu envie de vérifier cette phrase, qui sous cette forme ou sous une autre, est restée importante dans ma mémoire, depuis très longtemps.

Il y a forcément, qu'on les choisisse ou non, des phrases, qui, sans raison apparente, ne sont pas « oubliables » ! Et on vit avec ; on dit : « D'accord, tu peux rester là. Tu ne me déranges pas, en fin de compte, même si tu ne m'as, jusqu'ici, servi à rien. » Et on n'y pense plus.

C'est parfois beaucoup plus tard qu'on se trouve dans une situation où, par hasard, par coïncidence, cette pensée d'un autre vous revient à l'esprit, comme si tout d'un coup elle était nécessaire. À vrai dire, on se demande comment on se tirerait du mauvais pas où l'on est sans cette pensée-là, qu'on trouvait négligeable jusqu'alors, encombrante presque.

On ne va pas, comme un étudiant, vérifier dans un livre. L'idée est là, au chaud, au creux de soi, elle n'a jamais bougé, elle attendait simplement son heure, son moment historique, la justification de sa patience.

Et sa réputation est fortuite, accidentelle.

Un jour, le regard d'un enfant par exemple, vous contraint, plus ou moins, à une sorte d'examen de conscience. On vous demande des comptes.

« Est-ce que c'est vraiment cela, le monde que tu as bâti pour moi », et cela revient à se demander : « Qu'est-ce que j'ai fait de ma vie ? »

Et pas question de plaider coupable !

Pourquoi ferait-il jour, et pourquoi ce mot : faire ! à toutes sauces repassé ?

Qui fait le jour ?

Moi, je fais le jour, quand je veux ! Moi ! C'est moi qui fais le jour, quand je veux échapper aux Méduses, quand la nuit est venue sans amour, comme un dileur sans Coke, alors je force la nuit, je l'épuise en moi-même, j'en reste maître, jusqu'à la dérision, et je FAIS le jour ! Je retourne à l'extrême de l'invivable, brutalement, anormalement, pour que le choc avec la guerre me rende de nouveau provisoire, capable de tout, de tuer. Je fais le jour par la fausse fenêtre, quand il supplie, quand il se laisse manipuler. Alors, je le sens, je le vois.

Il avance, caché par la brume, il laisse ma peau sèche, mais brûle mes yeux ; il aime se baigner dans l'eau de mes paupières.

On n'a jamais les yeux rougis par la même raison, ni non plus, par la même folie. Aujourd'hui, ce n'est ni la veille, ni le vent. C'est que j'ouvre un jour que je reconnais ; un de ceux qui, à quelque vitesse qu'on se précipite pour le surprendre, est à la fenêtre avant vous, et n'en démord plus, vous étouffe jusqu'au soir.

Le dieu qui me possède a fait de moi un voisin permanent de l'extase.

Et cela, comment le comprendre ?

Je me suis vu prêt à devenir fou de pouvoir tout écrire, quand je savais, en même temps, tout le savoir perdu, dans le sable des mots, la Sagesse assise, le Songe retiré, les frissons longeant le désert.

Là, je deviendrais fou de tout comprendre, et que ça sert à rien. J'avais qu'à pas...

C'est comme ça qu'ils parlent, tous. « J'avais qu'à pas... »

D'abord, pas se mettre à parler pareil, comme eux.

Pourquoi j'aurais pas dit oui ?

J'ai bien dit oui, aussi, à venir ici.

Alors, j'avais qu'à pas quoi ?

On me soigne ; on veut me soigner de moi, contre moi ; on force mes portes, mon soigneux blindage. Tout gicle, maintenant, de mes fissures. Mais n'oubliez pas que je suis venu noblement !

Contre mon intime conviction.

J'ai consulté sept « Docteurs », sept médecins. Un seul m'a parlé avec sagesse. Et même lui ne connaissait de Caroline que des effets observés chez d'autres. J'aurais pu vivre une aventure fabuleuse avec quelques-uns de ces savants, s'ils m'avaient accompagné. Mais non ! La Grande Peur !

Et l'obsession de soigner, pas guérir.

Comment, sans ignominie, lâcheté, bassesse, pourrais-je accuser quelqu'un de ma ruine, quand je ne veux être que l'artisan de ma vie ?

En quoi les grandes (énormes) surfaces des autres pourraient-elles mettre en faillite mon commerce avec moi-même ?

Si j'avais vécu dans l'espérance de vaincre, je n'aurais pas survécu à mon amertume. On n'a jamais la victoire qu'on voulait, alors qu'on reconnaît la défaite à son air : c'était en effet, bien ce que l'on redoutait.

Tressaillez, tressaillez, cependant, Sphinx de mes solitudes, car je regarde ma vie qui s'écroule, comme une mue incessante, frissonnez, épidermes de l'amour, secrets grouillants de mes connivences, mordez, chiens de ma peur !... Demain, peut-être, il sera temps de vous mettre au grand jour !

Trois nuits, dites « blanches » ; de folie !

Deux jours, fous de blancheur, mais je me suis tapi dans l'abandon, glissé dans le gris, sans bruit, pas à pas.

Kilomètres de chambre. Mètres-cubes de Marie-Jeanne. Ecritures artificielles, inspirations envolées, rages lyriques.

Avant-dernier comprimé.

Dernière piqûre.

Pas de repas, même en chambre. Fuck off !

Pasta. Base. Starters. (Pourquoi : starters ?)

Respiration haletante.

Derniers mots infirmiers.

Oh ! ou ah ! mais, s'il vous plaît ! Qu'on me laisse... S'il vous plaît !

Hospitaliers. Infirmiers.

Je vous aime beaucoup.

Ce soir.

Oui.

Pour Bichou, je ne suis plus que : « Mon pauvre Léotard !... »

Et aussi : « Mon vieux ! » C'est nouveau.

La rengaine (j'ai l'habitude) : « À la tombe ! Léotard ! Vous allez à la tombe ! »

Que faire, pour lui expliquer que, hélas ou tant mieux, je n'ai pas l'intention de fuir ce convenable et commun dénouement ?

— Arrêtez la drogue ! Bon Dieu !

C'est vrai que je suis ici pour ça ! Il m'arrive de l'oublier. Peut-être parce qu'il me reste de bonnes provisions. Mais j'attends.

Je retourne au dictionnaire : « accoutumance ». C'est la caractéristique. On verra quand j'aurai épuisé la Reine Blanche. Mais c'est vrai que, malgré Péguy, « de tout ce qu'il y a de mauvais, l'habitude est ce qu'il y a de meilleur... »

J'ai comme de la haine ; de la haine qui surgit chez celui qui a mal aimé l'amour.

J'ai mal aimé. C'est mon résultat, ma maladie. je tremble, et c'est peut-être de honte, de rage contre moi.

Mes crispations cherchent à casser.

Et la haine m'acharne.

Je n'ai pas compris, tout de suite l'indulgence croissante qu'on a commencé de me témoigner depuis quelques jours. Je ne m'étais d'ailleurs pas vraiment préoccupé de savoir, entre autres, depuis quand, ni, surtout : pourquoi ?

Je changerai jamais. Je trouve toujours naturel, ou normal, ce qui m'arrive. Je manque de vigilance, là-dessus. Serait-ce cette merveilleuse « faculté d'adaptation », dont on parlait, avec ravissement, dans mon enfance ? Ou bien ma prodigieuse lâcheté, qu'on prenait pour Sagesse, tant qu'elle ne se réfugiait pas dans « les drogues » ? Quel vice dissimulé, quelle improbable vertu, quelle invisible Garde veille au salut de mon Empire ? Quelle déesse armée parle à mon oreille ? Quel messager à trois têtes me prévient des coups obstinés que je me porte ?

Car je suis bien l'ennemi de moi-même, le plus fidèle et le plus assuré !

Cependant personne ne me demande, j'en suis surpris souvent, quel prix je paie pour mes crimes...

Il est vrai qu'aujourd'hui, cela serait incompatible avec ce qu'inspirent au public les deux ressorts de ma tragédie : la Terreur et la Pitié !

L'expression : « dans votre cas, Léotard ! » est ce qui revient le plus souvent maintenant dans les discours qu'on me tient.

Car il n'est guère question de conversations.

Cela m'a donné l'occasion de faire le Docteur, moi aussi, et de suivre son exemple, c'est-à-dire sa leçon : observer très vite, la succession des symptômes (!).

Bon alors... Une fois prononcé le mot « Cocaïne », la partie visible du Docteur (de la cravate à la calvitie) devient, d'abord rose, puis, très vite, d'un rouge tirant au violacé, en même temps qu'augmentent notablement la tension artérielle et la température du sujet. Ensuite les yeux se font hagards, la gorge cesse de proférer des hurlements rauques, et d'ailleurs inaudibles, et s'il n'y a pas syncope, le refroidissement se fait, dans les minutes qui suivent. La vigilance s'impose, à partir de ce moment. Dans la plupart des cas, le sujet récidive, immédiatement.

— Bon, alors... mon cher Léotard, vous n'êtes pas un idiot, ni un imbécile, mais moi, moi vous me prenez pour un con ! Vous savez où vous êtes, n'est-ce pas ? Encouragé par quelques amis médecins, vous êtes venu de plein gré, non ? Bon, alors... Vous ne croyez tout de même pas que j'ignore ce qui se passe sous votre lit ? Ni combien de bouteilles y sont entreposées, ni le fait que, depuis votre arrivée, il y a dix jours, vous n'avez touché qu'à une de ces bouteilles, et que vous n'en avez prelevé que onze centilitres !

Alors, qu'est-ce que vous me racontez ? Vous êtes venu ici pour me faire chier, ou pour que je vous aide à vous sevrer de la drogue ? (etc., pendant vingt minutes !) Écoutez les conseils d'un (là, il a toussé une seconde) praticien !

— C'est quoi, un apprenti-chien ?

Hésitation, puis : « Ne plaisantez pas ! »

Il fallait le faire taire. Lui caler la voix, haut à la gorge, loin du cœur. Je bégaie. Ça m'a permis de dire : « Je vous encule, non ! je vous emmerde, pardon ! je vous en prie, voilà ! c'est ça, excusez-moi. »

Chez les cinoques, on peut en faire de vraiment débiles, parce qu'ils ont tous fermé de bonne heure et il faut le temps de saisir. Avec la femme de ménage par exemple. En variant tant que je peux le ton sur lequel je lui dis, tous les matins : « Vous êtes bien bonne ! » pour lui suggérer bien sûr, que je la hais comme tout le monde, ou pour feindre de la mépriser, comme si je lui disais : « Vous êtes vraiment une esclave. »

Enfin, y a une pièce à écrire, là !

En tous cas, ça aide à passer une bonne soirée !

Finalement, à part mon « cas », je vois vraiment rien d'intéressant, ou plutôt : rien de drôle, ici.

Ce matin ; Bichou ; deuxième visite.

— Bon, alors... Monsieur Léotard... (entre parenthèses, j'ai rencontré votre frère !)... Si j'ai bien compris, vous buvez de l'alcool ; combien, déjà ? Ah ! oui, c'est ça : trois bouteilles de Vodka par jour, trois fois soixante-quinze centilitres, soit, à peu près, un litre d'alcool pur, plus, si ma mémoire est exacte, quelques pastis avant chaque repas, entre amis, n'est-ce pas ? Évidemment ! Et, « seulement », cinq ou six « petites » canettes de bière, (« petit » étant, pour vous, sans doute, un terme affectueux plutôt qu'une indication de quantité !) cinq ou six petites canettes de bière, pour le « petit » déjeuner, naturellement. Bon, alors... Ce sont bien des *Celtiques*, que vous fumez, non ? Ces si jolis paquets, bleus et jaunes, un peu plus épais que les autres, du fait des cigarettes qu'ils contiennent, qui font dix millimètres de diamètre, au lieu des vulgaires « tiges de huit », que fume le commun des cancéreux. Le cancéreux moyen, Monsieur Léotard, fume l'équivalent de deux paquets de « huit », et vous, quatre de « dix ». Vous me paraissez sincère, lorsque vous ajoutez que la vie serait un enfer pour vous, sans une dizaine de pétards quotidiens, et autant de « lignettes » de cocaïne ! Bon, alors... Vous vous foutez de ma gueule ?... Léotard !

« VOUS VOUS FOUTEZ DE MA GUEULE !!!!!!! »

Inoubliable !

Le mot : « obligé » me revient, réconcilié.

— Docteur, je suis votre obligé, je vous suis obligé d'être enfermé...

Je veux donner raison à tout le monde. Je veux que les Docteurs soient fiers de leurs méthodes, à défaut de vocation. Je veux que mes amis soient convaincus de leurs raisons, à défaut d'amour. J'insiste pour qu'on sache tout le bien qui m'est fait. Je répands des « merci » à tout bout de champ. Et je ne mens pas ! Les analyses sont formelles ! Les prises de sang, les aiguilles, les électrodes, les graphiques, prouveront, bientôt, hautement, que « je ne peux pas mieux faire ! » Je me prête, docile, à toute piqûre. Sans voix, au milieu d'un coma, ce sont mes fesses qui d'elles-mêmes, en rappellent à la seringue. Elles en redemandent, comme je réclame du rabiot à la cantine. Car je veux grossir, pour qui m'aime joufflu, me taire pour qui m'aime idiot, être malheureux pour qui m'aime immobile. Je fredonne, sifflote, ou chante en permanence, car on me suppose une naturelle gaîté. Je passe des heures, serein, à me muscler, pour faire honneur à mon ossature de tueur !...

Il n'y aura bientôt plus, en moi, d'ennemi décelable. Et je pourrai sortir mes yeux de leurs poches, afin que tout le monde puisse voir leur beau bleu horizon guetter, sans peur et sans reproche, la couleur identique de la ligne des Vosges.

Je regarde Bichou comme je me regarde : sans comprendre.

De lui, ou de moi, qui est le miroir ? Qui est le révélateur ?

Qui, de nous deux s'aventure, qui découvre, qui ouvre le fond de l'inconnu, qui a besoin de trouver « du nouveau », qui aide, ou empêche, ou punit le « dérèglement raisonné de tous les sens » ? Qui met un terme à l'Homme, qui est le scrutateur ?

Qui s'est lavé, ce matin, comme à l'aube d'un crime ? Et qui craint la mesure, et qui craint le marchand ? Qui s'entraîne à se battre contre sa terreur du bonheur, jusqu'à la lutte à mort, se réjouit du miracle, ou trouve l'illusion délicieuse ?

Soyons clairs et brefs : « Lequel que c'est l'enculé, de nous deux ? »

Merde, à la fin !

Autre contradiction :

— Votre cas, Léotard, va-t-il durer encore longtemps ?

Il n'est donc pas, tout fameux qu'il soit, immédiatement fatal, ce cas désastreux !

Attendre donc. Prudence et circonspection. Ne rien changer brutalement.

Mais c'est, tout de même, cette bonté dont on m'entoure qui me rend songeur... Toutes ces prévenances, ces attentions presqu'affectueuses, ces morceaux de sucre, ces biscottes, ces fruits qu'on ne remporte plus avec le plateau du petit déjeuner, ces coups discrets à la porte avant d'entrer, surtout cette restauration du magnésium, au matin, mettent une étrange poésie dans chaque geste, une tendresse émue dans les voix, un air de mélancolie dans les regards...

J'interdis qu'on nomme ce qu'on m'attribue de mal. Qu'on se contente de savoir celui qu'on me fait, et qu'on me laisse choisir celui dont je souffre.

Je suis une fois de plus, assis au bord du lit. Les mains croisées, coudes sur les genoux. Je suis devenu obscur, voûté. Ma tête penche vraiment loin de moi. Elle est épaisse, comme une chair qui meurt en se figeant, d'où les pensées ont un mal fou à s'extirper, et parfois se noient dans la lourdeur immobile, épuisées de protestations, comme des mains lasses d'étreindre.

Il y a un crépitement de feu et de balles sous la gauche de mon crâne. A droite, on chasse...

Le temps diminue, mais je ne me vois pas de plus en plus loin. Ce n'est qu'une distance minimum et constante de sécurité. Je n'aurais bientôt plus rien d'autre à vivre que ma sécurité, comme on joue les arrêts de jeu dans les sports. Par chance, l'issue est jusqu'au bout, incertaine.

Quand on choisit de s'enfuir, il faut trouver du plaisir à la fuite.

Nuit. Drôle de nuit qu'on dirait sans sommeil pour personne. Une de ces nuits que, de toute évidence, l'humanité passe à se reproduire.

Même la chaleur artificielle des radiateurs met, avec mon appareil, une sorte de sensualité dans l'igloo.

Et, stupeur ! à la légère pression d'une commande, ce que j'ai enregistré se fait entendre. Des sortes de roucoulements lents et graves dans la voix des filles, que restitue ma microtape ! Le timbre est descendu, du nez aux lèvres, de la gorge à la poitrine. J'entends la Grosse Bastille ronfler, chaque fois qu'on la bouge : « Ben quoi, chui pas la Bastille », comme une énorme invitation à l'amour, comme si elle roulait les mots dans le ventre du monde. Je voulais plonger mon crâne dans le gras de la mort. Je bandais du haut de mes vertèbres. M'enfouir, les couilles haletantes dans le vertige des mers chaudes, trempé de désir, redevenu lave dans le feu liquide, ivre de revenir au volcan carnivore.

Il semble qu'une autre voix râle carrément. Germaine ! Oui bien sûr ! C'est elle. Elle parle avec ses seins, ses beaux seins allemands, ses wagnériens nibards !

Oh ! Comme le chrome de mon beau Recorder est doux à caresser ! Je me frotte avec. J'écoute le long de ma queue les microdécibels du désir infini.

Bon, alors, aujourd'hui, voilà, ça y est ! j'ai :

— pris, dans l'ordre indiqué, avec la quantité de liquide requise, et aux moments convenus, intégralement mes seize pilules (ou comprimés), avec « le moins d'émotion possible » ;

— renoncé à les vomir systématiquement (comme le signalait à Monsieur Bichou, le rapport infirmier qui est au-dessus de tout soupçon !).

— présenté, sans mauvaise humeur, mon cul, pardon ! mes fesses, à quatre reprises, à Madame Piquouze, (de son nom de jeune fille : « J'aime ça »).

— confié, dans le plus grand secret, quelques soixante centigrammes de « matières » provenant du zèle exceptionnel de mon transit intestinal, en m'étant imposé de garder stérile, jusqu'au dernier instant, le petit flacon destiné à la Femme-Étron (qui reste jusqu'à présent le point d'attraction principal de ma vie mondaine).

— rendu, sans commentaire, à Monsieur Dugland, Bibliothécaire, *La Coco, Poison Moderne*, ouvrage scientifique publié par un groupe de Savants Français, aux Editions de La Nouvelle Revue Pratique (Paris 1928).

— envoyé promener la Châtreuse, après lui avoir déclaré (sic) « mieux vaut le mettre que se le faire mettre », et lui avoir suggéré, sur un ton peu courtois, et à plusieurs reprises, d'aller se faire entroudeballer elle-même.

C'est vrai, je l'ai envoyée chier.

Jusqu'ici, ça me faisait marrer, puis ça s'arrête.

C'est huit heures du soir. À quoi ça sert ? Je vais pas apprendre ça par cœur !

Une semaine, maintenant.
À court de tout.

— C'est vrai, Docteur, on dit du mal de l'alcool, mais est-ce que vous avez remarqué, comme moi, que c'est le seul remède aux tremblements du matin ?

Encore quelque chose qui n'amuse pas Bichou.

Je ne veux pas comprendre la colère qui monte en moi.

Il y a des lieux face à l'infini, comme la nuit... des lieux face à l'espace, comme une chambre d'hôpital, face au temps, comme des temples.

C'est la nuit que j'espère. La nuit me tolère, quand je l'espère. Au fond, sur les côtés, de face, d'où ? Je la fornique. C'est tout. Que me valent ses informations ?
Demain nous serons blancs.

J'ai mal à l'hôpital. Un mal indivisible. On m'y débarrasse des symptômes de mon cœur.
Vous comprenez, n'est-ce pas que vous avez porté la guerre dans ma maison, l'orage en mon jardin ?

Je suppose que c'était mesure de protection.
Si soucieux d'assurer la stérilité de vos sables, vous craignez qu'il n'y vienne jouer un enfant...
Qui sera monstrueux, s'il n'est pas indifférent !

Il se fait en moi, après la tempête, comme un bleu silence annonciateur de fins sereines... L'Être est, et il l'avoue par ma voix, le prouve par mon geste. J'aime le cynisme qu'il met à proférer par moi sa certitude d'Être en échange de mon Temps de Parole.

En marchant pour tenir ma tête éveillée et mes pensées hautes, quand je m'endors, malgré tout, dans le mouvement, je me heurte à un mur, ou à la porte. Le bruit me réveille, pas la douleur. Ou la peur que fait le bruit, mais je n'ai souvenir d'aucun signe de souffrance. Et pas de marques bleues.

L'esprit est plus haut... (?)... Pour mourir il suffit d'être à hauteur, de se glisser sous un linceul... moi, dans cette nuit d'hiver, à Lagny, survivant interminable, dans mes comas sans fin, criant « vaincu » d'avance, tremblant, rampant, inaccessible à moi-même, comme déjà sous terre, empoigné par mes racines...

Je triche, je sais. Je ne destine ce que j'écris à personne, et je tremble en l'écrivant. On n'écrit pas sans honte. On écrit à sa mère, on écrit pour changer la vie, quelque chose de la vie, mais « écrire » tout court est une lâcheté, une occupation pernicieuse et qui ne peut que ronger. Tous, rongeurs de l'âme, et pour justifier leur complaisance, l'amour qu'ils ont de leur pourriture, combien en connait-on pour qui écrire était lancer son cœur en avant comme une grenade, combien ont présenté à la vie leur front haut, et non leur cul fuyant ?

J'ai de nouveau la fièvre. Ce jour va lentement.

Pour être résolument inutile ou ignoble, comme on voudra, je n'ai plus qu'à écrire, du fond de ma pensée latente :

« je vais m'allonger, me reposer de n'avoir, aujourd'hui, encore rien fait. » Il est neuf heures.

Je voudrais pas me coucher. Je voudrais pas dormir, non, jamais.

La nuit, ici comme ailleurs, est « relative ».

Ailleurs — (avant !) — j'entrais dans le tumulte, l'aveuglement, la surdité, la sueur.

Mais j'allais m'apaiser.

Ici, pas de complices de rêveries. Je vis ma mélancolie. En attendant l'horreur de l'aurore, la paresse me traîne.

C'est la nuit, et j'écris, pour m'assurer que ne pas dormir est utile.

J'écris au début de la nuit, pour me donner le droit, ensuite, d'être idiot, comme prenant la précaution de ne pas l'être tout à fait.

Caroline prend ma main, et, peut-être, la guide... quoi qu'en pensent les médecins ! Ils sont plutôt flatteurs ! Je ne crois pas que j'écrirais sans Elle. Pourtant, Elle n'est ni reine, ni même vraiment blanche, quand Elle est pure. Ni surtout candide, comme une Probité ! Elle est honnête, comme une vraie salope. Elle fait bander ma tête, pour le prix de mon sang.

... Il y a des questions inacceptables. Insupportables à tous ; fatales à qui s'y risque...

Quand on se réveille de s'être mal endormi... Par secousses, par saccades, comme un vieux tube à néon... Quand on se rallume, et qu'on voit ses cheveux transparents, piqués dans les plis humides de la tête, comme un combat d'araignées, on s'époussette, d'abord, avec rage.

Il faudrait pouvoir cracher cette tignasse anachronique.

Les bâillements grincent !

Toute frotte ou gratte, pendant un temps de plus en plus long, avant le premier moment de plaisir, qui tarde à venir.

Un jour, il faut trop de foi pour y croire.

La sclérose du cristallin exige un bonheur trop gros pour être rêvé, et, de toute façon, trop lourd, à cause de l'asthénie des biceps, triceps, et autres traîtres alliés.

Un jour, un matin, c'est comme devant le mur : la Joie, comment s'y risquer ? On ne pourrait même plus calculer le moment, l'heure où l'on supporterait de la rencontrer, la prendre et la porter, le temps que se taisent les chiens acharnés, le temps que cesse l'interrogatoire envieux.

Comment se lever ?

Comment bouger, au point de faire du café ?

Pourquoi mauvais ?

Qu'est-ce qui empêche d'avoir le courage de tout mentir ?

Qu'est-ce qui fait croire qu'on résiste en avançant ?

Pourquoi pleurer avant de commencer d'écouter la Sonate Posthume ?

Quant à aimer sa mère, en voilà une question !

Et répondre au scandale par une malhonnêteté totale...

Pourquoi continuer ?

Quelqu'un, absent, me tient, que mon indifférence laisse étranger, sa voix au loin, dans une lumière si pâle qu'elle en est sale... « ... tu meurs maigre, veines gonflées, suant gorge sèche, pendant qu'on profite d'un Autre pour parler par ta voix, prendre ton droit de dire, toi le muet du scandale, qui pleurera longtemps après l'irréparable »...

De deux choses l'une : ou je suis un acteur renommé dans le monde des oiseaux, ou mon prédécesseur dans cette chambre leur donnait à manger !

Un ballet incessant de becs affamés, tous les matins me le prouve.

Des deux côtés de la vitre, mon ressentiment trouve des raisons de s'échauffer.

La vitre, impitoyable, réfléchit, tandis qu'impuissant, je me pose des questions...

À côté, un homme bégaie à tue-tête. À la cantine, à la récré, c'est un homme tout à fait plaisant, qui parle « normalement ». On a tous une face cachée, n'est-ce pas ?

... Et toujours l'hébétude qui revient et un moment me soulage ; la fantasmagorie du jamais vécu. Pour me venger du temps que j'ai toujours la tentation de penser qu'il a été perdu, je me suis fait un cendrier du somptueux cadran d'une horloge très ancienne et, quand ma longue rêverie lentement se résigne à me relâcher, je m'en dégage en fumant une cigarette que j'écrase avec la cruauté la plus douce sur le bel et fatal émail, et me remets à l'étude, ma rééducation laborieuse, en tâchant à ne pas grincer des dents quand je recopie — chaque jour deux fois une heure — mes alphabets grecs, arabes ou russes qui m'interdisent toute pensée, et que je hais maintenant que ma voix seule ne trahit rien de moi, sauf dans l'ivresse, quand je pérore sans public ou que j'entretiens de longues conversations débridées avec des visiteurs que je ne peux voir que les yeux fermés.

La chute commence par le bas. C'est son vertige. Tomber de haut est un plaisant effort de l'imagination pour protéger des mensonges, ne faisant finalement que le vide au fond de vous.

Je suis suspendu à l'horizontale, couché et enfermé dans une sorte de boîte, à l'exception du visage, qui ne dépasse pas cependant, mais je peux voir et entendre. Sentir aussi, mais mon odorat ne renifle rien. Ce que je vois, en revanche, a une force d'impression que je n'avais jamais connue.

Ou alors, c'est que j'ai oublié, comme un rêve dont ne resterait que l'inquiétante ténacité. Ce que j'entends ne m'est sans doute pas destiné.

« Parlez !... Ne parlez plus. » C'est tout. À répétition, comme un écho de quai de gare, sans source, sans origine ; une voix absente, si l'on peut dire.

« Respirez, ne respirez pas !... Respirez... ne respirez pas !... Respirez... » Cette voix, qui a éliminé de son timbre tout ce qui laisse traîner un peu de sensualité dans les hôpitaux et les aéroports, me donne envie, à moi, de hurler en réponse, d'insulter frénétiquement, jusqu'au spasme, jusqu'à retrouver, dans la déflagration, la paix d'après !...

Et tout cela sans relief, sans épaisseur. Une géométrie seulement de carreaux blancs et noirs, qui s'entrecroisent, comme dessinés avec une rigueur qui paraît tenir tout l'ensemble.

Ils sont là, autour, tranquilles, certains qu'aucun Savoir ne prévaudra sur leur Pouvoir, échangeant à voix basse des signes dont on ne perçoit que le son, et le ton recueilli, qui dit bien que sous la rigueur professionnelle se cache le serpent acharné.

Cependant la boîte suspendue avance et recule comme un balancier, et très lentement obéit à la voix ou bien la précède immédiatement. C'est une voix de femme, et le mouvement celui d'un chariot, et leur régularité conjointe rend tout de plus en plus oppressant. Soudain, une abominable angoisse me saisit. Je me dis, à toutes forces, la bouche retournée vers la gorge : « Tais-toi ! Ne dis rien ! Ils te guettent ! »

Brutalement, comme on arme un fusil, une sorte de paroi craque en moi, et m'ouvre tout d'un coup à un déferlement de pensées considérables et frappantes, inouïes dans leur lucidité, bousculant toutes les évidences. Je me laisse aller. Je me noie dans un flot de paroles que je n'entends pas, mais je sais que je les profère, puisqu'on les note. En même temps, une sorte de défiance naît, et quitte à être impuissant à tout, je me parle à moi-même : « Ça y est, j'ai compris, ils cherchent à déceler le mensonge dans ce que je dirai et que je n'entends pas ! Ce sont des infirmières en blouses blanches, des médecins en noir qui commentent autour de moi des notes que certains prennent sur des carnets ! » Cela fait comme un chuchotement, une polyphonie très basse, un murmure qui me tient prisonnier.

J'essaie de tasser ma voix intérieure, entre mon cerveau et mon souffle, pour qu'ils n'entendent pas, si jamais je devenais impuissant au point de leur dire malgré moi, ce qu'ils attendent.

Il y a des bruits froids...

Est-ce que le mal, c'est ce dont on meurt ?

Est-ce que le mal, c'est ce dont vous ne venez pas à bout ?

Il y a magie. Il y a le silence qui se fait, laisse libre les vrais présages. Je ne demande plus ce qui va arriver.

Sinon je le sais.

Coma la nuit dernière. Cuvette des chiottes brisée dans la chute. Le sevrage est trop objectif, comme imposé. On ne me laisse pas y mettre mon grain de sel. Et puis flippette, angoisse et ennui.

Est-ce que le stylo-bille, ou à bille souffre autant dans sa course que la plume de ce matin ?

Essai du soir. Et lentement, espoir.

Après : prise de sang à l'aube, piqûre d'alcool au bras droit

Autre piqûre au bras gauche,
scanner du crâne (je dirais scranner !)
longue discussion avec Goldfinger
Transpiration
Early morning Base

Quand on est mort, on redevient tout de suite nomade, éparpillé. Quand on reste mort, je sais pas ce que c'est comme dissolution. Je ne suis pas resté là, comme ça, local, zigouillé, salsifié ad vitam aeternam. Résurrectionné, je le fus peu après, toutes particules assemblées dans la conscience et dans la fuite assourdissante d'un escargot craignant le Pataugas, à la recherche d'une feuille de salade où s'abriter.

C'est ce choix à faire tout le temps qui me trame, cette énigme : prolonger la vie ou éterniser la mort ? Pourquoi ces deux possibilités alors qu'à tout homme une seule suffit n'est-ce pas, pour ce qu'on dit : vivre. On dit aussi, mais on l'écrit surtout, être.

Ce soir, je me dis que je ne suis pas guérissable. Je me le répète, hagard, tout en essayant de manger. Même les gestes les plus simples sont difficiles. Des choses s'échappent avec violence de mes mains. Si quelque chose de moi, n'importe quelle cellule, se détendait, je pleurerais sur la lâcheté de mon cœur en appelant à l'aide. Et qui m'aiderait ? Et qu'est-ce que je demanderais ? Sans doute l'indulgence pour mes fautes, oui, et je la prendrais aussitôt pour une permission de les continuer.

« What wrong have I done, to be like I am ? »

Des objets, imperceptiblement nécessaires, s'échappent, avec violence, de mes mains.

Tous les nerfs mènent à l'esprit.

Qui se perd en route ?

Je me parle comme à un sourd.

À bout de connections, comme dans les chiottes hurlantes du train, dans les trombes d'acier, où je criais des mots d'amour qui me cassaient les dents.

Ce soir je comprends tout de ce rien que j'appelle ma vie
Et de cet autre rien encore plus petit
Qu'on appelle l'amour.

Ce soir j'essaierai de m'appliquer à être lisible. Hier soir j'ai guetté l'apparition du coma pour me coucher vite quand il se fait sentir. Mais j'ai attendu trop longtemps et les visions, les hallucinations, les monstres...

J'arrive pas à savoir loin, et pourtant j'en sais long sur la nécessité des séparations, j'essaie d'aimer ce vide spatial, cette éternité fugitive qu'est notre amour malgré notre immortalité brève. Cependant, j'ai décidé de trouver un remède inédit : tourner en rond ! Fameux, hein !

6 juillet. Y a eu genre de coma dyslexique dans l'air. Mes mains pour les autres. Malgré les loupes, je ne vois ni n'écris mieux. Je m'efforce (de mon mieux) de remplacer par l'écriture la honte et le dégoût. Dans mon cas précis, il s'avère que c'est vain. Je me hisse à l'état de crétin, comme Baudelaire sentant peser sur lui l'aile de l'imbécillité.

> *« Quand nous irons en barbarie*
> *Au creux des soleils souterrains*
> *Nous n'aurons plus besoin d'être humbles*
> *Quand nous irons en barbarie... »*

Dieu merci, les petites améliorations s'éparpillent, mais de nouveaux traitements s'attaquent à d'autres et l' « équilibre » est toujours si fragile.

Auparavant, quand je m'appliquais pour écrire, il en sortait une, ma foi, assez belle et presque originale calligraphie. Que Calliope me garde en sa main. Je vais essayer de lui offrir un petit sifflet d'abricot. Hermès heureusement ne me fait pas peur. Pallas elle-même semble s'y abandonner avec une nouvelle pâleur. Il faudrait une dernière fois l'oracle.

Il faut que j'aille, à chaque fois, de surprise en surprise, d'excitation en craquements, hauts et bas, pour découvrir mon vieux, mortel ami : le fatal imprévu.

Devenu processus habituel. Refuges anonymes, nouveaux murs blancs, récents atouts de l'habitude, petits et minutieux bricolages, traditionnels, si exaspérant pour finir, départs éternels, laissant de grosses sommes, consommations, viatiques, tickets de Luna Park...

Au travail aujourd'hui. Ce n'est pas vraiment ce que j'ai envie de faire, mais je laisse au fond la place de l'écho qui en sortira. On peut se demander ce qui choisira cet espace, ce temps, mais à condition de reconnaître sans analyse ni pseudo-intuition. Il en sortira le résultat d'une initiation souterraine qui sera forcément tellement lumineuse que nombreux en seront aveuglés.

15 juillet. J'écris plus lentement, mais pas mieux. Deux ou trois massages sans grand effet. Je suis allé en vitesse avec Tulipe me plonger dans l'espoir. Ensuite, kinésithérapie aquatique. Pas mal. Mes yeux fatiguant beaucoup, mes doigts ne se déclenchent pas quand j'écris sans pensées. Que dire de mes « réflexions ». Je ne peux pas de toutes façons, faire beaucoup mieux. Il faut espérer que la nouvelle graphologie approche de l'ancienne, de maintenir que les mêmes idées reviennent ainsi.

16 juillet : (illisible)

17 juillet : et ce fut un grand bref tant on me fit de misères de tous noms sous le couvert du bénévolat, aidé de ma docilité, on m'introduisit, après m'avoir fait les piqûres habitées, elles, dans ma fesse droite (celle qui écrit quand on marche), une petite aiguille creuse par le truchement, ou plus exactement l'intermédiaire, un liquide, dont je n'eus pas le temps de connaître la couleur, la densité, ni, bien sûr, à ce moment, l'effet escompté.

Parole : on est plus de l'horreur comme on l'est de la volupté. (Céline).

Le petit déjeuner, dans ces endroits, est soit la première horreur de la journée, soit la seconde. Mes longues années de vie nocturne pourraient aussi s'expliquer comme ça : reculer le moment pire : le petit déjeuner.

Les jours sont trop longs pour ma paresse.

Dimanche 19 juillet.

Comme bien des matins, je dois guetter pour sortir demander quelle heure il est et quel jour nous sommes, chiffres et date. Je vais plutôt me prévenir désormais en continuant sans rien, sans plus me demander. Inscrire chaque jour en haut de la page de la journée, et voilà ! S'il n'y a que trois mots, le plan reste quand même prévu, mais si votre inspiration déborde la docile page, alors, que d'esprit nous sera dérobé !

Il pleut.

J'ai renoncé à marcher, je me suis couché. C'est rare.

« Se coucher », ça me fait toujours penser à la « dernière guerre », dite aussi « guerre de quarante » ou encore « deuxième guerre mondiale », où on s'est « couchés », nous, les Français, devant eux, les Boches, c'était l'accusation la plus répandue, autour de moi, dans mon enfance. Je sentais bien que c'était infamant de « se coucher devant », par rapport à se coucher, tout court. La différence était flagrante : je n'avais rien à reprocher à tous ceux qui, comme moi, allaient « se coucher », à tout bout de champ.

Mon dieu ! que ce cahier est sinistre, quand on a lu les Saint-Simon, Flaubert, Stendhal... le plus sûr est d'adapter le crayon complice.

Je ne songe même pas vraiment à me relire. J'attendrai des lunettes.

Belle journée d'horreur de pluie, d'éthylisme bord de crise, médicament supplémentaire, finalement par un docteur.

Retour à la maison HALLELUIAH !

J'adore tous les dieux, Pinocchio, Hercule, Judas, Hitler, Kadhafi... je veux jouer chez moi, assis sur le parquet avec les statuettes que nous posons pour que nous nous sentions tous aimés, assistants.

Mais dans l'ÊTRE je ne suis ni de limite, ni de sentir, ni de beau mouvement, ni de ce genre de blessure entre soi.

À partir d'aujourd'hui, il est convenu que nous sommes le samedi 25 juillet. En résumé, on témoignera et fera des neurones.

J'ai acheté le jour suivant un autre stylo. Cela semblait pas se voir bien nettement dans mon écriture. Ce stylo me paraît convenable...

Tant que je reste sur cette idée de chandelle, je reste. Comme on n'avance pas...

Je veux écrire en une nuit *Le rideau cramoisi*, en un mois *Notre Dame de Paris*, en quarante jours *La Charteuse de Parme* !

Je suis « handicapé », disons gêné dans mes actions par des troubles cliniques qui n'ont aucun caractère évolutif. Par exemple, il m'arrive de trébucher, et parallèlement à cela, à côté, toutes mes autres fonctions « fonctionnent ». Quel est le rôle de la bataille...

Aujourd'hui, un mardi de je ne sais quel juillet, il n'est plus nécessaire que je m'applique à laisser des traces. L'immortalité, plume ou non à la main, est la seule chose qui me concerne.

« Dressez haut la poutre maîtresse, charpentiers... »

Le choix est fini. On ne devient pas quelque chose à cinquante ans si on ne l'est pas un peu avant. Quelle rigolade ! Même les stylos fuient. Plus de messages. Foutez le camp. C'est les places qui font les gens.

Nuit du trente au trente et un juillet. Ce cahier me plaît et parfois ce stylo m'enchante. Il faudrait que je chante. Pour moi seul au bout du champ.

J'avais envie de m'amuser
Je venais de travailler

En écrivant en vers et de tous les côtés, même volupté
c'est que je suis dans une belle chambre rouge et blanche, et que mon bébé dort

Il y a aussi plein d'objets inutiles et secrets
qui tremblent encore d'espérance
et peut-être d'impatience
et peut-être de danser
qui sait ?
Celle qui s'appelle bébé
porte ce nom depuis vingt ans
elle doit trouver que c'est assez
puisqu'elle prend la nuit
des poses de reine
Elle a des allures soudaines
de grande dame nonchalante
Si j'osais, il faudrait que je lui chante
la chanson du bien aimé,
qui dit comment il l'enlèvera
le jour où il prit la patience
comme l'impatience ces nuits
quand en rêve elle lui sourit
comme un oiseau bouge son aile
car nul homme ne fut aimé
comme lui d'elle.

La parole ne signifie pas, elle transporte, elle « joint Thèbes à Pytho », elle est ailée, c'est une colombe voyageuse, parfois lente et légère, ou au contraire tonitruante, mais elle n'est que le véhicule de ce qui rit ou hurle en elle, elle est une organisation rhétorique, elle peut aimer la philosophie, mais que la soi-disant pensée, ou philosophie se démerde : elle n'est que char, avion, wagon et même locomotive, elle suit les rails.

Mais évidemment, c'est sa forme, qui laisse, ou pas, deviner sa marchandise, calculer le poids de son contenu. Sa vitesse aussi peut être une précieuse indication. S'il y a grève des cheminots de la parole, il y a paralysie de l'idée, et souvent, détérioration, rouille de l'ensemble.

Tous maniaques, certes, et de diverses manies inégalement blessantes. Mais quel fut le bonheur de Rimbaud ? Le dérèglement raisonné de tous les sens ou la vente d'armes en Éthiopie, ou l'Islam, ou le « porc » qu'il disait avoir aimé ?

Évidemment qu'il y a des choses très bien écrites dans mon « œuvre » squelettique, sous anesthésie. Je me souviens de mon mysticisme tardif, ou précoce de mes 17 ans, quand Saint François d'Assise, en quelques mots, m'élevait vers la joie, mille fois plus que la coke ne me tire vers le bonheur.

(Jeudi 13 août)

On pourrait dire que je paie au fur et à mesure une faute précisément équivalente comme deux adversaires qui, refusant de s'affronter, finissent par se détruire, mais, inséparablement, ils s'entraînent l'un l'autre dans leur chute.

Il est vrai que bien des victoires sont obtenues par la fuite, mais par la fuite de ce qui est autre, pas de ce qui est soi-même.

J'y vois confirmation de ce que je pense de la période RAA. C'est là qu'est né ce dont je meurs aujourd'hui, mais mon RAA, ma maladie, avait déjà une histoire, elle venait déjà du fond de mon âge, cette fameuse déchirure que je me suis acharné à rendre plus douloureuse et plus fatale. Sans l'amour, le refus de la guerre entre moi et moi-même aurait continué « usque ad mortem », et mort sans combattre ! Ce n'est sans doute pas dans ce sens-là qu'on peut dire « mourir en paix ».

Voilà un bout de l'« Histoire des Mensonges », voilà le « fou et le rêveur » dont parle Pavese mais lui, il n'a pu finalement éviter le fatal affrontement avec le rêveur barbiturique qui tua le plus fort des fous dans une chambre d'hôtel. Et le : « Pas de bavardage », sur la table de nuit, pouvait vouloir dire : « Vous n'aviez pas vu que je mentais ? »

LA FIN DU MONDE AURA LIEU UN MARDI

Voilà. J'avais un copain, il me disait toujours : « Toi, tu devrais être Coluche, mais en plus fin. » Parce que je voulais faire des sketches. Un sketch. Mais j'osais pas. Du cinéma, oui, on n'a pas besoin de jouer, y a qu'à faire semblant... et puis... au théâtre, on est plusieurs, et on peut toujours dire : c'est pas moi qui ai écrit cette merde ! quand c'est mauvais, y a toujours une excuse. Mais des sketches ! Un sketch ! Mais lui, il me disait toujours : « Alors, tu l'as fait ton sketch ? C'est pas dur ! Le plus dur c'est le titre, après faut bosser, c'est tout ! ».

Vous savez, ce n'est pas l'horreur du cimetière qui surprend le plus quand on perd un pote, c'est qu'il ne soit pas là.

On peut aimer une tombe que lointaine et silencieuse, or il ne s'agit plus désormais que de promiscuités.

Qu'est-ce que c'est que cette tristesse nouvelle ?

Tout d'un coup, je ne sais même plus de quoi je n'ai plus envie. Mes amis, avez-vous bien pensé à tout ?

Je me cache d'être ce que nous sommes, ce que vous êtes, je le déteste en moi. Vous ? Vous montrez en vain ce que vous aimez voir en d'autres : ce que des autres vous voudriez être.

Le sage est original. On ne voit que SON humilité, qu'il n'a copiée d'aucune autre, etc.

Je me cache à cause de toi d'être ce que tu es.

En quoi suis-je très mal à l'aise ?

J'ai rêvé longtemps d'être stérile. Pourquoi ? En arguant de quoi, en disant quoi ? Et si encore je me trompais aujourd'hui ? Aujourd'hui, je crois que même ma paresse en a marre, même si elle a été comme toujours la raison cachée de mes désirs, jurés, redits, etc.

Bon. Qu'est ce que je peux écrire ?

Poésie (= jouer avec les mots pour trouver des idées)

J'ai écrit des poésies, un petit roman, des pamphlets (articles), une nouvelle (*La nostalgie des espaces verts*), un gros roman (perdu : *Agnelle, agnelle...*), des traductions (pour le théatre, j'y suis fort), des lettres à des personnes réelles ou non (en fait, je crois, mon genre préféré, où je m'amuse le plus).

Comment concevoir, le tout est filé au train par son contraire, en gros. Il lâche pas lui, le contraire, il file derrière, laisse prise et mord à ton cul.

Le rien ne lâche pas la chose préséante.

On souhaite bien du bonheur, en sachant qu'il a le malheur au cul.

Ils vont tous dans la lune comme des enfants. Ils font des progrès énormes, et comme le rien se rapproche du tout qu'ils approchent, le Rien serre de si près à l'autre, le Tout, qu'ils font d'un même geste chacun leur œuvre, donc celle du rien ensemble. Progrès et régressions construisent irrémédiablement le Rien inévitable.

28 août

Écrire, c'est renoncer à ruminer seul ce qu'on n'a pas digéré des autres.

Je n'ai jamais pu faire que mes mains se croisent, sans que mes doigts se perdent.

Parfois... Soudain... L'instant est comme un cœur ivre de jeune fille, une tiédeur de cuisses sous la soie, un son tendre de bois, même froid, contre la brûlure des pierres, ou la fraîcheur des robes associées au feu, aux parfums qui s'absentent, aux cheveux qui caressent des épaules innocentes, ou seulement coupables d'oublis frissonnants...

... Ou ces interminables fuites du Temps, qui s'efforcent, à notre place, de séduire sans dire, comme un été...

Je comprends la vocation tardive de l'enfance.

Bien sûr ! On doit tout mettre entre toutes les mains ! Serrer ! Oui ! Et aussi, étreindre la lumière, en exciter la nuit, la baiser, la frotter jusqu'à l'incandescence indécente, lui donner faim, multiplier des pains, longs, longs comme les jours sans crime.

Saler, sans le salir, le sang de la Source.

Ma semaine (chanson)

C'est lundi, j'voudrais m'reposer
écouter les oiseaux chanter
qu'elle m'apporte mon p'tit déjeuner
pis des calins, pis des baisers,
pis après s'promener, aller au ciné
Mais à 7 heures elle s'est tirée
bien nette, bien sapée, tout'gominée
Y a que l'miroir qu'elle a regardé
Et moi chuis là, moi chuis tout froid
Comme si je sortais d'un frigidaire
Qu'est-ce que j'peux faire, chais pas quoi faire
J'm'envais m'réchauffer chez ma mère...

Ô chérie oh ! please
j'ai froid sur ma banquise !

J'ai jamais emballé le mardi
V'là l'mercredi après-midi
j'm'en vais faire une petite sortie
vers le lycée Victor Duruy

J'me mets au bar, j'prends un Pernod
Les v'là qui sortent oh ! que c'est beau
Comme un vol de petits oiseaux
elles viennent au café s'mettre au chaud
Pas une qui m'parle ou qui m'regarde
pas une seule myope, pas une bavarde
Ici, ça sera pas demain la veille
J'vais voir ailleurs, chercher une vieille...

jeudi (Lui)
vendredi (Penthouse)
samedi (Playboy)
dimanche (Elle)

Le soir avec un pote
on court après tout c'qui s'tripote
On sort l'auto, on met un jean
pour pas avoir l'air habillés
ça fait flicard, ça fait vieux jeté...

Ça y est y en a une qui sourit

Mardi : marasme.

Je n'aime pas les « réparateurs » : sommeils, cures, traitements, etc.

Réparer quoi ?

Les accessoires que la fatigue triture : la voix et son grain ; œil du regard, graphismes, titubages, dépressions et appréhensions, effets secondaires de l'amour, polynévrites d'origine poétique, et puis... et puis qu'est-ce qui ne participe pas de la Beauté ?...

Qui espère échapper à l'érosion ?

Celui qui veut échapper à l'érosion commence par ne pas se faire montagne. Et peu de surprises l'attendent, aux détours ignorés de son chemin. On ne voit pas de loin sa paresse, peut-être fertile, mais surtout sinueuse...

Les montagnes fondues, les mers infidèles, laissent leurs restes aux plaines, où l'herbe, jamais, n'est assez verte, pour le piéton qui rôde, ahuri.

Pauvre piéton, qui ne se couche ni ne se fond qu'une fois sa vitesse acquise.

Mais, piéton moi aussi, je suis sevré du choix.

Je ne pratique plus que la marche à pied en appartement !

J'en ai marre de cette cellule. Y a rien qui va remédier. J'ai plus de pensée, rien.

À qui je vais écrire ?

Pour recevoir, dans huit jours, un : « Surtout, soigne-toi bien », calligraphié par la main, mais jeté par l'esprit, et oublié par le cœur.

Amis, pas amis, c'est quoi ?

Qu'est-ce que c'est, pour vivre ?

Au lieu d'écrire d'ailleurs, je déchire la page avec la plume ; donc je casse la plume, ça pisse l'encre, j'éponge, je buve, je répare, je récure, je manipule. Je dois être un manuel refoulé !

Même un cul ! Oui, je tripoterais, ça ferait passer le mal ! Un cul facile à digérer, qui nique les symptômes, net ! Un cul dans le genre : « plus rien, tout de suite ! » Un cul « Apocalypse now » ! Mais faudrait que ça soit « now », pas dans deux heures !

Qui dira la lenteur d'un cul quand on a besoin ?

Que fout Germaine ? Ma grosse pouffe boche...

Et puis on ne rêve que de culs inaccessibles ! On s'éprend forcément de culs Himalayens, Anapurnesques ! À s'en brûler le bout des doigts jusqu'à la Chirurgie !

Je pourrais me maquer avec Germaine. Mais le jour où ça la prendrait d'aller se promener toute seule, comme ça, un dimanche après-midi, par exemple, je ne rêverais pas d'elle, je ne pourrais pas aimer, ne serait-ce que la distance entre nous.

Que foutre !

Germaine, elle est restée à la source, c'est tout, et, celui qui veut, il pourra en faire une fontaine permanente, malgré que boche, et moche, et cloche, et merde ! ! !

On est bête quand on s'ennuie.

Je ne sais plus vraiment depuis combien de temps je m'ennuie. Mais aujourd'hui, j'ai voulu, par piété, suivre les conseils de Bichou. Ses « recommandations ».

Je me suis recommandé d'être *positif* !

J'y suis arrivé, ça y est !

On n'est pas bête quand on s'ennuie, pas du tout ! C'est : si l'ennui ne sert pas à voir qu'on est bête, alors, c'est con !

Ouais... Progrès en positivisme assez lents !

Et je m'amuse à me dire des bêtises. Comme quand on joue au Théâtre et qu'on est en tournée, qu'on se retrouve, tout seul, un dimanche après-midi, à Thionville, en novembre, et qu'on est sorti de son hôtel pour évaluer la différence des vides : entre dehors où on connaît personne, et dedans où on n'est pas chez soi. Il y a peu de chances qu'on découvre, en rentrant, avec des dessous dentelle, soie, sexe et tout, une chambrière dans son lit ! On se dit : « Pauvre con ! t'as quand même eu l'idée de miracle ! » Et il faut trouver autre chose dans la vie, comme miracle. Alors je me raconte des blagues, forcément sans public, débiles, là assis au coin du lit, genre : « Il entra dans la chambre, et voyant le lit vide, il le devint aussi ! » Et ça foire !

Être seul, pour un acteur c'est mauvais signe ; et puis ça aide surtout à être mauvais.

Retour au problème précédent : c'est con de s'ennuyer ! Et ça rend con !

Et pis c'est tout !

Et puis je me suis mis à marcher comme un forcené, loup en cage dans l'espace libre, dans l'herbe, dans le tennis inutile, longtemps, comme loin dans la Patagonie de mon cœur. Être le seul à ne pas connaître l'Exil, c'est déjà être exilé.

Mais je ne suis pas seul. Et je comprends l'exil, au lieu d'en être compris, par la magie, indiscernable des autres. En très petit nombre pourtant, ils ont fait de moi un aimant. Je suis de fer. Seule la rouille qui dort moins que moi survivra à ma connivence. Pacte de silence. Sable de la patience qui ne fait pas la mort autre que la vie. Finalement, je me fous des mots. Nommez mon corps selon vos appréhensions.

Vos dictionnaires sont dérisoires. On ne redevient pas poussière. On tourne, on se chauffe dans la lumière. Quand le soleil sera poussière, on verra. On ne nous verra plus !

Veiller à l'invasion.

Non. Je veux protéger le Barbare, je crois. Celui qui vise de la même façon qui le regarde, et qui ferme les yeux.

Ne pas penser à ce qui fait penser.

Beaucoup écrire, si on a rien à penser.

C'est fait de jubilation, la vie de la pensée. C'est au-delà de la foi. C'est hors de toute méditation. Suivre les mots, se faire porter par le courant. Écrire comme on lit, premier lecteur de l'inconnu.

Fierté d'être tout noir, noirci ou gris, bleu, violet de son minerai ; candide ou dégueulasse autour du grand sourire, sous-rire, explorateur, en sortant, en revenant du cerveau de sa tête... Il y avait ça dedans ! Qu'est-ce que je fais ? Je le laisse ? Vent des idées qui emporte tout !...

J'ai mangé ma soupe, mon riz à l'eau, ma pomme, tout bien comme il faut, content, bien. J'ai regardé, autour de la ronde table, avec une infinie bonté, ces alluvions de l'Histoire que nous sommes, nous, « Los Lunaticos », cette couche d'Ozone de folie qui protège le mélange atmosphérique menacé de la Raison, en me disant : « Quelle chouette expression, sous ma plume : le grenier de sa tête. » J'ai même pris le temps de bien digérer, de vaguement m'assoupir. Et je suis retourné avec joie à la page du jour.

J'ai relu. C'est pas grenier, c'est : cerveau.

Comment me cacher la vulgarité de ma déception...

Insoluble.

Et puis d'ailleurs, ça sera tout pour aujourd'hui.

Je ne me laisse croupir que jusqu'à la métamorphose. Je suis docile à la mutation. Je suis devenu perméable aux messages de l'espèce.

Notes pour sketches

Les antibiotiques

Mon problème, c'est les antibiotiques, comme médicament. Les antibiotiques ont un problème avec moi : je bois. Je bois : ça les nique ! Elles sont raides grave, des millions d'unités, faites comme des rats musqués, torchées net.

Ce que je veux dire quand je dis : je bois, c'est ce que les autres ils disent picoler. Quand y vont, eux, à fond la caisse, ras du cornet, ils en tombent des fois, on les laisse par terre ; ils tiennent encore leur verre en l'air, mais eux, ils en renversent, ça coule ! Ils perdent des litres, on les relève, on les repose au bar, ils y retournent, eh bien, moi, je leur dis pas qu'ils picolent. Ils boivent. Je trinque.

Chaque fois que j'ai un peu d'argent buvable, je le liquide en boisson.

Les antibiotiques, y a menace d'allergie. Les allergies, c'est des autres trucs qui viennent seulement, sûr, APRÈS la menace des antibiotiques. Alors y a pas le feu. On verra ça quand j'aurais trouvé un pinard qu'elles aiment. Comme pour le diabète. Le diabète, c'est con.

Donc, voici à peu près comment j'écris aujourd'hui.
Dans un état « habituel », presque. Parce que
on ne peut jamais savoir si l'aspirine ôte
le « mal de tête » par exemple, ou la
« rage de dents », vu que à partir du moment
où on prend l'aspirine, on s'interdit d'abord de savoir
quoi que (==) ce soit de ce « mal de tête », et ensuite
et surtout, on ne saura jamais comment on
a mal à la tête
Tout cela pour dire qu'il est 10 heures du soir
Quelques minutes avant ou (==) après...

Le stylo-bille fait moins malade. Il est vif,
il est mince, il est (=====) nerveux.
Les deux autres, plume (========)
= (mon stylo de luxe) et l'autre
je m'amuse peut-être de savoir qu'il
est très habile (=). Or avec lui je me laisse
aller. Calligraphie subtile et facile, qui
fait un peu vieillot jusqu'au moment où
ça devient trop (=) facile mais alors, de toutes façons
--- et cætera.....

page pour analyser tout. Il est
dix heures et demain /=======

Pour comprendre celui
qui..... laplata
/ je sonde sans
instrument, je songe
sans danger

merde, j'arrive plus (=====)

(on) (==) peut mourir de tout. Mais on ne
soigne pas tout, ni tous.
Il est huit heures et quart (===) et comme
partout où je dois me reposer et vivre
bien il y a en dessous de la fenêtre...
...Un marteau-piqueur, précédé de
l'inévitable « Asma ». J'ai déjà bu
une bouteille de vin.

J'arrive pas à savoir loin, et pourtant j'en sais long sur la nécessité (?) des séparations, j'essaie d'aimer ce vide spatial, cette éternité fugitive qu'est notre amour malgré notre mortalité brève.

Cependant j'ai décidé de trouver un remède inédit : tourner en rond !

Fameux, hein !

....

(mort clinique, et provisoire)

Sans m'en sentir coupable aujourd'hui, fautif ou responsable, je ne m'étonne pas de ne plus être le compagnon des femmes que j'ai aimées, ou cru aimer, et je ne m'interroge pas sur la sincérité de leur cœur, invérifiable, ni sur leur fidélité, ou plutôt leurs infidélités que je pourrais comptabiliser, en revanche, si je n'étais sûr dans chaque cas de ne pas arriver à un total exact. En aucune façon, non plus, je ne saurais leur reprocher de ne pas me permettre un calcul plus précis, principalement parce que ça m'emmerde de calculer ce genre de choses, et puis, deuxièmement, j'ai toujours considéré que leur cul, c'est leur cul, aucun sentiment ne saurait me donner là-dessus aucun droit, avoir une femme ne veut pas dire qu'on la possède, ni la posséder n'implique qu'elle m'appartienne. La troisième raison étant que si j'avais su aimer une femme, je suppose qu'elle serait encore près de moi, et moi près d'elle.

Oui, mais voilà ! en amour, le bon sens ne suffit pas ! J'ai prononcé, moi-même, tant de « je t'aime », non pas menteurs mais malvenus, ou déplacés, décalés, des déclarations à bout de souffle, des aveux de fin de course, des résolutions nées d'un désespoir, hélas, passager, ou tellement provisoire que j'en ai certainement perdu le souvenir, j'ai tellement essayé d'aimer...

Quelle connerie, je fais comme tous, et pire, pour moi-même. Merde ! avec ce moi-même !

Je vais continuer, je le sais, oui, tout ce jour du mois d'août qui dure comme n'importe quel autre jour de n'importe quel autre mois, vingt quatre heures, m'a-t-on appris, quand j'étais enfant, et en ferait-il trente mille que ça serait pareil, et tant qu'il reste de la Coke je ne dors pas, anyway, et je peux tout affronter avec ma tête, comme avec mes jambes si j'étais dehors.

Je n'ai pas besoin qu'on sache qui je suis. Je ne prétends pas moi-même à cette connaissance. Je n'ai rien entrepris dans le but de me connaître.

Je suis un sournois... Il ne faut jamais croire à mon innocence.

Je remonte sous le vent sans que le vent sente aux flancs la moindre résistance. Quand je dois vaincre c'est toujours en dessous que je me glisse. Et je dois vaincre pour survivre. Je ne sais de qui ou de quoi dépend la survie, ni d'où elle prend ses leçons et ses ordres, mais elle est bien gérée. Je respecte son ministère. J'ai eu bien des occasions de la voir opérer et, en même temps qu'elle faisait écran, mur devant ma vie, ses façons étaient celles de quelqu'un qui veut enseigner. Je m'amuse à me dire que ma survie a sur moi une action pédagogique !

Mais dans l'exercice de ma vie, c'est moi qui donne les leçons.

Cela s'appelle mentir...

Mon seul mensonge se passe à mon insu. Nul ne le décèle et je ne sais le pratiquer.

... Je voulais DEVENIR ! Comme si j'avais été une chose sur quoi j'ai emprise, comme le vent sur une pierre, une mer faisant du sable...

J'ai écrit aujourd'hui, pour la première fois que j'avais un peu de honte. Pourquoi est-ce que je change si souvent d'écriture, si l'on peut appeler des mots des borborygmes.

Je ne vois pas non plus pour qui j'écrirais, alors que je ne manque pas de correspondance, ni même, pardonnez-moi, de sujet de conversation. Mais je suis destiné en ce monologue en soi-même quand on a une fin.

Bref, ça fait des tas de fois que je me dis, sournois, que j'écrirai demain, et même des fois que je me laisse aller à penser que c'est mieux ainsi. Mais là, ce n'est pas du tout pareil.

entraînement (page d'écriture)... c'est un peu comme apprendre à ne plus faire pipi au lit.

Il paraît qu'il ne faut jamais changer d'encre. Mais pourquoi on ne m'a jamais dit pourquoi.

Moi qui pourtant, paraît-il, ne dis que toutes ces choses, ces mots, ces idées, ces catins de l'esprit... signifient généralement parlant, destinées à montrer, désigner donc définir, je les vois aussi qui se cachent. « Cul » ne dit pas ce qu'il est quand il montre ce qu'il est ou évoque ce qu'il fait.

(page d'écriture) droite ou n'être pas à droite de la baïonnette peut changer beaucoup de le savoir.

(autre page d'écriture) fais disparaître l'amant bijoux des yeux

(qqch+cpl lieu) : ce chemin va à la mer ... aboutir

Sous un tertre, dans les jardins de Capo di Fora.

(en quittant ton pays, détourne les yeux de la barrière)

Prompt départ. Aboutir is the question.

Orly ouest. Départ Figari. Médicaments : 11h30

Ils prennent des poses pour faire oublier leurs costumes ou s'habillent de manière qu'on ne voit pas qu'ils se tiennent mal. Jamais soi-même, ça c'est sûr, c'est tellement enfoui qu'ils s'enfouissent et réciproquement.

Arrivée à Figari. Une heure de retard. Vent et chaleur. C'est bon. Ça guérit déjà un peu des bobos...

Je suis le fils de l'arbre, de l'aigle et du soleil. On m'appelle le vent.

Ô que l'ortograf est amusante avec ses idées sans cesse de se déguiser ou se griser de tours et de contours comme une tour ignore qu'un cheval joue avec elle sans la protection des Rois qui eux, s'amusent comme les pions d'école au jeu des grandes dames !

DAMES par exemple, toutes en suspension ! (...cévrai oui)

Nul n'aimerait dame froigne, celle qu'on distrenfrognée. Mais le galant va au jeu calculant pensée. Or froigne est plus humeur donc se peut mouvoir aux vents d'amour. Renfroignée se ferme et peut-être se hait du vent...

Vent, vaine gloire, van qui ne vanne qu'ai vanné à moins qu'auvent ne le protège.

Et pourquoi, et qui et de quoi s'évadons-nous du vent

On comprendra qu'un ordre, fut-il alphabétique, serait un procédé glaçant et dictatoire, s'il était utilisé dans un tel ouvrage qui ne quiert qu'attente et chaleur charitable de qui, même par hasard, s'y vautre pour n'abandonner que soi dans ce qu'on peut nommer déjà « torrent des mots du monde qui a bouches ».

Il est notamment certain que plusieurs façades de maisons se feront évidence d'appeler préfaces leurs agglomérations hornichées.

Un autre hiver viendra ou s'installera, il n'y a plus le temps.

Couru, rigoureux, on ne rigoure jamais nulle part, alors qu'on goure.

Et il y a reproche aux deux. Confus.

et bien voilà. Vous venez d'assister à la fin de la première partie du spectacle (qui porte mon nom, enfin, mon titre) je veux dire que ceux qui sont restés vont avoir le droit d'assister à la deuxième partie qui est après l'entr'acte. Voilà. Alors, l'entr'acte est fini, et je suis très heureux d'être parmi nous. Surtout que je suis plus doué des oreilles que des yeux. Comme ça est plus simple : je sais que j'ai fini quand j'entends plus rien. Je suis le dernier dans la nuit mais faut pas oublier qu'on est dans un théâtre et qu'au bout d'un moment, on finit toujours par tomber sur un plus paumé qui trouve plus son écharpe et tâtonne comme vous dans le noir.

Paroles disjonctées, verbes du matin de l'envol.

On dira qu'on a fermé tôt.

Première année de l'homme froid

On est très désorienté quand on s'aperçoit que tout est étrange. On croyait toute chose étrangère à une autre par définition : le couteau et la fourchette, le sabre et le goupillon, etc. Et puis tôt ou tard, force est de constater que tout est étrange de la même façon. Le stylo comme le cahier où il repose, comme le livre, la table, les rideaux, tout drapé dans la même étrangeté. Ils n'ont plus d'étrange que d'être semblablement étranges. De là au dénouement, il ne reste qu'un chemin ouvert à l'esprit : que toute cette réalité ne devienne ni réellement étrange, ni hommes et choses étrangement semblables.

On échappe plus difficilement à la mode qu'au modèle, de nos jours.

Nous, civilisations, savons maintenant que nous sommes mortelles aux autres. À force de nous entre-détruire consciencieusement, peut-être arriverons-nous à prouver que seul le néant est, l'être ne fait qu'exister.

Tout se perd comme tout se cherche. À l'aveuglette, on fouille d'obscurs naufrages ou de glorieuses galaxies.

Il faut autant de longues et douloureuses patiences pour écrire un livre qu'il n'en faut pour accomplir un vol spatial, avec la même cynique curiosité.

Je me suis trouvé à faire, de ce qui me semblait pouvoir être un livre, un puzzle. C'est un pur risque. Un livre est un Hermès, il transmet, il permet la communication de deux sincérités. Mais aucune loi ne conteste à personne le droit de déclarer forfait. Auteur, lecteur, les deux parties ont ce même droit. Là, c'est moi qui ai commencé.

Ne pas s'appliquer. Laisser tomber le sommeil.

La soif et la faim deviennent alors de puissantes drogues. Et bénéfiques. Et tous les cons qui depuis toujours donnent un nom unique à tout ce qui leur fait peur, devraient, quand il reste dans leur tête un peu de leur couilles, s'y initier. Il y a tant de façons de se dire : « moi », en parlant de soi !

Je n'aurai arpenté que mon âme.

Jusqu'où irait-elle ? Jusqu'où peut-elle aller, dans le désert ?

Je ne m'avance plus obscur, éperdu, à tâtons, comme un prêt à ramper pour atteindre son ciel. Debout, absent, j'attends d'avancer.

Si la vie est un songe, la raconter est un mensonge.

Il faudrait avoir le courage de faire un autodafé, mêlant dans la flamme et la braise livres d'Histoire, carnets soi-disant impudiques, *La Guerre des Gaules*, *Confessions*, les aveux, les journalismes... etc.

Je crois à la précarité de l'existence, je crois à la nécessité de l'inconnu, à son invincible défi, à son implacable logique. Je crois que 2 et 2 ne feront jamais 4, je crois qu'on ne peut mener aucune parallèle à rien, en quelque point qu'on soit, et je crois qu'en ce point on ne demeure jamais. Je crois à l'indifférence de l'amour, à la lucidité de la haine...

C'est pourquoi je me tiens à tout, mensonge et trahison, lâcheté obstinée, par fuite permanente, par égoïsme et méthode, et par vigilance et douceur. Je ne tends ma joue qu'aux baisers. Je souris par provocation. J'ai choisi le bonheur comme insulte suprême, comme forme supérieure du mépris.

J'ai mis tant de temps à devenir enfant ! Maintenant je veux vivre comme un enfant : de lectures, de dessins, de jeux, de couleurs, de voyages impossibles, d'amours rêvées, dans la joie de me retrouver au terme d'une absence (oh ! si longue !) qui n'a pas eu la force de me déchirer.

J'ai et j'avais pris mes précautions, je crois. Je m'aperçois que tout fut assez tôt bien réparti. « Tout » ! C'est ce tout de moi qui semblait voué aux autres, à consommer en permanence immédiatement. Et de cette combustion, parfois excessive, une force inerte en même temps naissait, comme l'ombre d'un feu. C'est l'équilibre qui était prévu, inconstant et fragile certes, menacé, combattant, luttant contre l'indifférence, seule solution à mes deux continuités.

Ce n'est pas la vérité que je cherche, ni même une vérité, sinon qu'il est vrai tout de même que je cherche. Et celui qui cherche, ne cherche-t-il pas l'or, l'or du sable et des montagnes et des rivières, l'or aventureux des guerrières, leurs abîmes, la pureté de l'or des cimes, l'or terni du temps, l'or coulant de l'amour. Mais qui peut dire un jour : « J'ai possédé l'amour. L'amour était à moi ! »

On ne possède pas la vérité, elle gît en chacun, et chacune est vraie.

L'amour est une maison fermée. On n'y entre ni n'en sort. Qui oserait aimer ?

Qui me fera croire que l'amour, c'est quitter ce qu'on aime sans y revenir ?

Ma vie est faite d'usures violentes et de lents météores. J'ai toujours été à aller voir, ou à me laisser pousser au fond, tirer, au douloureux. Toujours pour une certaine ivresse, perdre la tête, s'en remettre à sa queue, ventre et gorge. J'ai connu l'ivresse intellectuelle, la jubilation de l'esprit, le souffle du Verbe, la cruauté, la poésie, l'applaudissement, la chute, le fric, la vertu.

Ainsi de toutes les longues pratiques : quand on arrête l'alcool ou la cocaïne, ou le tabac, on arrête. C'est tout. On ne peut pas prétendre qu'on est en train de faire autre chose quand tout ce que l'on fait c'est arrêter, tout simplement.

C'est une sorte de catatonie qui précède tous vos gestes, qui en est le substrat. Un peu comme si l'on se demandait à tout instant : comment faisais-je avant ? Tout est changé en obstacle. Avant de répondre au téléphone, on se regarde dans la glace, on allume une cigarette !

Moi, je parle avec assurance d'une maison close dont je n'ai pas la clef. Mais ce que je dis est toujours aussi un peu une incitation à l'effraction.

Toute l'élévation de l'homme, sa volonté d'agrandissement... c'est parce que l'homme n'est pas encore reconnu par l'Univers. Il ne s'y sent même pas encore décelable.

Quand croyez-vous que je comprendrai mieux que vous ce monde-ci à cette heure-ci, aujourd'hui, après-midi ? Vous êtes spécialisés dans le monde de l'instant, de la ponctualité, et vous ne comprenez pas le monde, et vous avez peur.

Je n'ai pas pensé, pour ainsi dire, hier. Nuit blanche de fanatique.

Il faut faire attention quand on va penser. Il ne faut pas se laisser emporter. Il y a des courants.

« Je suis malade », dit l'homme habile de ses mains. « Cela n'est pas inutile », dit l'homme habile de son esprit.

Ne pas comprendre est une méchanceté.

L'amour, ce sont tous ces lointains qu'on éclaire de si près, où le bonheur empêche de rester.

On peut cesser d'être pervers comme une loi morale, mais on reste polymorphe comme un ciel étoilé.

La triche revient au même, comme une amante indécise revient au même amant imparfait.

J'ai souvent pensé qu'on avait une fausse idée de moi. En ai-je une vraie ?

Qui me parle sans danger ne me parle de rien.

La mort, ça peut être bien si on sait s'y prendre. Il ne faut pas la laisser jouer toute seule. C'est toujours mieux de connaître avant d'y aller. Faut fréquenter.

Un jour, à mi-chemin entre moi et moi-même
Je me vis qui m'amusais
Qui me rôdais autour
Qui espérais de moi je ne sais quelle audace

Qui espérais me voir moi-même en face
Et autres contorsions.

Si la vie est un songe, la raconter est un mensonge.

Si on me demandait — pourquoi je me détruis, je répondrais que, sinon, qui le ferait à ma place ?

À force de l'ordre qu'il y a, on n'a plus jamais la paix.

C'est l'idée du plus minable, qu'on soit tous pareils.

Si on était des milliards d'hommes à être bons, ça ferait du vilain.

Plus je rencontre de gens, moins je vois de différence.

Pourquoi le cœur ne dit-il rien si rien ne l'y oblige ? Pourquoi la moindre parure peut changer un « je t'aime » ? Et pourquoi l'esprit ne sait pas se soutenir sans les béquilles des sens ?

L'aveu qu'on est sans regard ne désarme pas les yeux de l'autre. On est vu.

S'acharner à l'illusion.

Le corps entier porte le petit doigt.

Je ne vois rien dans ma vie qui puisse me donner quelque considération pour ma mort.

L'une ne saurait avoir pour moi plus d'importance que l'autre.

Si nous pouvions mesurer notre ignorance, que nous dirait-elle de nos illusions ?

Qui embrasse l'amour de la vie, meurt souvent d'un baiser, ou de relâcher son étreinte.

Notre palabre avec le temps est sans fin. Nous voulons avoir le dernier mot. Or le mot « dernier » est détesté du temps.

Quand le vent cesse de souffler, on ne le croit pas mort.

On ne peut pas regarder le vent. On ne connaît de lui que ce qui lui résiste.

Ô délices de la discontinuité, aventures de la rupture, swing des syncopes, assignations de l'irréparable !

Il y eut, à tout, raison et rime.

La seule règle du jeu de l'amour est la transgression des règles.

Je laisse les mots s'entendre entre eux. Il est interdit de se disputer.

Je suis incohérent et l'on devrait m'en savoir gré. De même de tous mes autres défauts.

À cause des progrès de la médecine, on agrandit les hôpitaux.

Ne se hâter qu'avec ferveur.

Ce que voit ton œil est suspect comme lui. Pour ne pas dire : louche.

Ne signer aucune procuration pour l'usage de son temps afin de n'accuser personne de vous l'avoir fait perdre. Quant à celui qui vous en a fait gagner, ne le remerciez pas tout de suite : il peut s'être trompé.

Il ne faut pas écouter celui qui dit qu'il a pensé.

Ce que montre l'esprit, c'est l'intérêt de l'esprit de te le montrer.

C'est aujourd'hui qui pense à hier. Hier ne pensait qu'à demain.

Ne pas se faire mal voir, sauf pour être bien regardé.

Être seul me distrait de ma solitude.

Qu'est-ce qui plaît tellement aux hommes pour supporter autant de choses qui leur déplaisent ?

Être embrassé du lépreux : on y gagne la lèpre.
Embrasser le lépreux, on y gagne de le guérir.

Hardi doit être le voyage, rude doit être l'ami.

Ce n'est que par cœur qu'on sait ce qu'on aime.

Tout est inachevé. Les ruines en sont un bon exemple. Et nous-mêmes, qui ne cessons de mourir en vain, puisque nous avons fait de la « chose inéluctable » la fin absolue, l'achèvement final.

Vous savez, ma vie a été battue de toute sorte de coups, au point qu'on aurait pu, dès longtemps en finir. Sans vouloir être sage à mes propres yeux, il me semble que j'ai bien résisté. D'ailleurs, je devrais dire plutôt : ma vie, je m'y suis bien réfugié ! Il est vrai qu'à ces mots j'ai envie de pleurer, mais il ne faut pas pleurer lorsqu'on a envie, seulement quand on en a besoin, si l'on ne se trouve pas, bien sûr, en présence d'une jeune fille, car elle serait certainement déjà un peu déçue de ce qu'elle attend, peut-être, d'un homme dans la vie. On se met dans son coin pour pleurer, si l'on veut garder l'estime d'une jeune fille, et quoi d'autre m'a préoccupé, jusqu'à présent que j'en fais le bilan, à cinquante ans d'âge !

Je ne veux pas insister ni m'étendre sur les préoccupations de mon âme pendant tout ce temps, cela serait fastidieux, et surtout prétentieux, car je crois que tout le monde a toujours un peu les mêmes soucis, et en cela, je n'apprendrai rien à personne. Et alors, pourquoi écrire ? Les sentiments ce sont des choses dont on peut parler, un soir qu'on s'abandonne, par tendresse, lassitude, excitation ou tout ce qu'on voudra, et j'ai beaucoup parlé jusqu'ici. J'ai même chanté ! Cela convient aux expressions de l'âme, car il y a des petits détails dans le cœur de chacun qui ne méritent pas vraiment d'être écrits, et qui ne trouvent pas cependant assez de place dans le bavardage. C'est bien à cela que sert la musique quand elle vous accompagne. On ne vit pas sa vie seul, n'est-ce pas ? Le choix d'un compagnon est important. Il vaut mieux même, souvent, l'accepter, quand il se présente, que le choisir avec sa volonté ou sa pensée, qui se trompent bien des fois toutes les deux.

Je me suis épargné l'usage de ces armes, car je crois que j'aurais été vraiment redoutable, comme en brandissant mes deux poings à la fois ! J'ai été méchant parfois, comme tout un chacun, par ignorance du mal que je faisais. C'est qu'à ces moments, le mal était comme un devoir, ou une destinée. Et je m'y suis laissé aller. Ce que j'ai pu appeler « providence », c'est ce que la souffrance a laissé. La providence ne va qu'au secours de l'indifférence. C'est sa méchanceté.

Il est très dangereux de désirer que la providence vienne à vous, et encore plus de s'y refuser. La seule réponse qu'on puisse donner aux cadeaux des dieux, c'est les prendre pour soi, en secret les garder sans en faire étalage, c'est être humble, toujours conscient de la faveur accordée, et ne s'en servir que pour la transmettre. Ne pas être « bénéfique pour soi-même ».

Qu'est-ce que j'aurais à raconter ? Des mémoires, je pourrais en écrire honorablement depuis l'âge de 16 ou 17 ans. Quand on se croit déjà trop vieux pour vivre, mais quand, en même temps, entreprendre ou construire est une idée de vieux fou. Enfin, une idée de parents.

Là, on préfèrerait s'inventer une vie. Et si l'on a le moindre don, faire rire ou pleurer avec le récit de ce qu'on ose pas vivre de gai ou de triste.

Avec le temps, les Mémoires deviennent suspectes. On se justifie. D'où l'insolite précision des dates et des détails. « J'avais tout juste 10 ans, le vendredi 22 avril à 9 heures, ma tante, en robe mauve, son manteau bleu sur les épaules ouvrit doucement la porte et me dit, en hésitant, etc. »

Comme quelqu'un qui, au réveil, raconte ses rêves !

Dans la contradiction, voire la mauvaise foi, il faut s'installer au milieu, comme un flic au carrefour, vraiment en plein milieu ! C'est au centimètre près, sinon !

Oui. Je marchais, les yeux fermés, sans bouger, et qu'est-ce que je vois ?

Et puis, on comprend l'expression : « devenir fou ». On se voit soudain, de loin, perdu, les bras tendus, implorants, mains écarquillées, pleurant tourné vers le plafond comme un enfant dans la nuit, impuissant et seul, bousculé par la foule des images insaisissables, de ses amours en fuite, des visages survenus, passant, parlant : « I know thee not, old man. » Sa propre voix ! Se parler par sa voix. « Je suis ta voix. Tu m'entends parce que je t'ai quitté. Je t'ai quitté parce que je suis fière. Je ne veux plus me prêter à ce que tu vas dire. »

Et l'on voit sa souffrance devenir éternelle. Elle grandit dans l'ombre. On en sera bientôt la proie. Et la chute sera longue, ils sont tous profonds, les trous que creuse le malheur là où on l'a essayé ! Là où on a cru le découvrir, savoir, par la magie du crime ou de l'absence, ou du mensonge, et savoir quoi ? Qu'on peut s'écarter de soi-même au point de ne pas savoir, même, qu'on s'est perdu. Nous, c'est quand nous vieillissons que nous avons de belles dents. Oh ! Elles ne nous viennent pas comme ça ! Il faut entretenir parfois longtemps l'espérance. Nous avons aussi des héroïsmes tardifs. D'aucuns sont allés jusqu'à mourir, dans leur forteresse de tissus, de bois et de lumière, en parlant bas. D'autres, plus gravement peut-être, ont survécu longtemps à leur trop d'espérance, ont pleuré des nuits sur la bonté de leur cœur, et la justesse de leur ton, et la courtoisie, l'élégance de leurs manières, devenus vains, inutiles, démesurés, et sur le temps qui passe, injustement distribué, qui laisse encore s'agiter Rodrigue et Lorenzo dans ce corps d'Harpagon. S'ils avaient pu, au moins, partager ce sort ! Si quelqu'un avait pu au moins écrire leur vie ! Ils eussent, de bon cœur, fourni les costumes, et se seraient rendus, allègres, au casse-nerfs par leurs propres moyens.

Notre goût du rire est irrésistible. Nous en sommes maniaques. On ne nous considère qu'avec les belles dents acquises. La gravité, le sérieux, c'est ce que nous devons perdre à chaque instant. Quant à l'arrogance, elle remplace chez nous la considération de soi-même. Elle est inversement proportionnelle à la qualité.

Il y a 30 ans, j'avais 20 ans. Ou à peu près. Je ne me permettrai jamais de dire que ce n'est pas le plus bel âge de la vie. 20, 30 ou 50. Quand le sait-on ? Tout âge permet tout, sauf dire « j'étais heureux ». Ni même « je serais heureux si... » Avec des « si » on ne met pas le bonheur dans une bouteille. J'attends d'être jeté, comme la lie du vin. Ma seule grâce est d'être inutile. Au moins, je ne sers à rien. Des autres, je ne connais, tôt ou tard, que le rejet.

On méprise le passé, le futur, la vieillesse et l'enfance ; on méprise la femme, la fille, l'homme et le garçon. On se méprise tous. On s'y prend mal. Pourtant on appelle ça : aimer le présent. C'est un mensonge. On se trompe, on se méprend. Mais on ne trompe pas la fin, surtout si l'on a fait illusion. La fin n'est pas illusoire, et elle ne trompe pas non plus. Elle prévient. Elle a prévenu. Pourquoi mentir ?

Je me suis perdu dans mes dessins d'enfant. Je n'ai finalement fait qu'attendre, comme ils disent, comme on disait, comme on voudrait toujours dire, toujours enfant, toujours naïf, ouvert à un nouveau monde. J'ai laissé une main plus sûre me conduire.

« Tu ne me chercherais pas si tu ne m'avais déjà trouvé. »

Qui se cherche se trompe. S'essayer, oui, mais il faut beaucoup d'humilité, d'humour, de gravité.

Je est un autre à chercher, à rencontrer par hasard dans la quête d'autre chose.

Celui qui se réveille d'un coma est saisi, en premier, par la peur de mourir, en quelque état que la mort l'ait changé.

Matin.

Bascule !

Tant pis, raconter maintenant comme un idiot le vide de ta vie, et plus n'importe comment, mais sans style. Raconter, payer d'avance la rançon du récit. Sans faire le malin, sans gaudrioles, sans confondre écrire et « être écrivain ».

Plus tard, plus exactement cinq heures après, je m'empresse de mettre mon projet à exécution. Le mot « exécution » suffit à me convaincre qu'il n'y a rien là de quoi se réjouir. Le mot projet, à lui seul, ôte toute envie d'entreprendre.

Cette histoire est celle de la dernière année d'un homme. Cette homme est comédien, il a été pendant de longues années l'idole des foules, et le cinéma a été toute la passion de sa vie. L'âge venant, les compagnies d'assurances, toutes puissantes dans cette profession, empêchent qu'il continue son aventure d'acteur.

Il ne s'y résigne pas. Il a un âge que l'on respecte, une fortune que l'on flatte, une très grande séduction naturelle, et une envie de « tourner » toujours obsédante.

Ce qu'il veut faire c'est, bien sûr, tout ce qu'il n'a pas eu, malgré deux cents films, l'occasion d'interpréter.

Vite, il s'aperçoit qu'un acteur n'a besoin de rien que de lui-même.

J'étais en Argentine, il y a bien longtemps,
C'est peut-être pour ça que l'on m'appelle « frère » !
Pourtant, quoi qu'il en soit, mon nom est féminin,
Je suis une machine et non pas un machin !
« Brother » ça veut dir' frère, et moi je suis « sister » !
(On m'appelle « brother », et moi je suis « sister » !)
C'est ainsi que je vis la collaboration
Avec celui qui, tout plein d'attentions,
Me touche et
Me touche et me caresse avec joie le matin,
Et je suis avec lui comme une femme éprise,
Qu'il flatte tout le temps et jamais ne corrige
Ses doigts sont des baisers que j'apprends à aimer.

Pourtant il est parfois cochon, et même pire,
Je n'entends pas toujours tout ce qu'il me fait dire,
Et je ferme les yeux quand il me faut écrire
Les mots invraisemblables qui me font rougire
Et rien que d'y penser me voilà à la faute !
Rougir ne prend pas d'e, et il faut que je l'ôte !
Il faut dire que c'est parfois toute une histoire
De n'être que machine, avec une mémoire !

Elle avait écrit sur le mur : « L'Art, région cruciale de l'âme. » En écoutant les Tziganes, j'avais ajouté, en dessous, au crayon : « chirurgicale ». Et puis, tout en ne faisant rien du tout, comme d'habitude, que les cent pas, j'avais été saisi d'un petit délire. Un bon petit délire, comme : « diable ». Amusant, tant qu'on ne sait pas où il va !...

On ne sait pas d'où il vient. On se trouve, allant, venant, on se trouve cherchant, où qu'on aille, on regarde, on repère d'où partir, d'où rattraper l'incessance, d'où se pendre pour mourir d'un vertige sans chute, entre comprendre et savoir, le temps de l'écume indécise, avant d'accepter de fondre sans implication de renaissance, pour s'engluer aux poils du temps, rester collé, immonde mais souple à l'horripilation universelle. Chemin de ronces, entr'ouvert ; frissons, pliures lasses, mains mises désacerbées, déboutées, dont ne restent qu'abandons... laisser aller ce qui allait me laisser... même n'être que la goutte qui coule du dégoût.

Malgré les moues, les malheurs, les morsures
les saluts incertains, les haines familières, les morts
providentielles, les victoires amères,
et tout ce que l'on sait quand on revient de loin
malgré la peur au cul, malgré le creux au ventre,
la rage aux dents et toujours les poings dans la colère
la tête si têtue qu'elle n'a rien compris
malgré le ciel sans fin, la vie en vain, l'âme en peine
et tout ce qu'il en peut coûter d'être jaloux
et de mourir à tous les détours de l'amour
au milieu de la vie qui tire à la traîne
de l'inconnu, ce dieu, le dernier des dieux nus...
je n'ai pas connu d'homme plus heureux que moi.

C'est sinistre une ville, la nuit. La nuit, seule la Nature est mystère, la nature qui, sous son allure de campagne est si chiante dans la journée. Une ville ne fait illusion que le jour, ne tourbillonne qu'avec le soleil, dans les robes des femmes, dans les verres de bière, les sourires esquissés, les filatures inconscientes, pas perdus, démarches montrées, ports majestueux, beaux bateaux des matins de barbarie, étalages. Voiles lucides, ô femmes, femmes qui n'êtes belles que le jour, et qui, la nuit, trompez les couillons sous le fard et devenez sorcières de l'électricité, si savantes à faire traîner le troupeau jusqu'à l'aube, où vous ne désirez même plus savoir s'ils étaient beaux ou laids, les hommes à qui vous faites prendre votre cul pour un regard.

Oui, on se trouve beau, en ville, la nuit. On n'est pas trop difficile. Une boîte fermée suffit si l'on y tasse mille frustrations agitées, n'échangeant que leurs sueurs sourdes, non plus seules, mais protégées dans l'isolation des sons étanches, sauvées du chaud et froid de l'erreur du cœur. Quels sentiments survivent qui leur permettent à peine de reconnaître qu'il faut « faire la fête » comme on « fait l'amour » quand on n'aime pas ?... et rien de tout cela jamais ne survit.

Peut-être que l'éternité bientôt ne sera plus ce qu'elle était.

Si la parole était, fille de la lumière, à l'origine de l'histoire, si elle se souvient qu'elle était lumière et quelle redeviendra lumière, si la parole fait le bilan de son histoire, de son temps d'éternité, alors, elle pleurera, comme Danaïde de l'absence. Tous ces mots morts en tuant ce qu'ils nommaient !

La cocaïne, il faut qu'elle ait à lutter contre quelque chose. Elle finit donc par tout transformer en obstacle. Et pour les vaincre, elle prend ma force, elle prend en moi la force que j'ignorais, elle me la révèle. Arrive un jour où l'on connaît la force qu'on a perdue.

C'est dans un train du soir qui mène à un asile, un voyage qu'on ne s'explique pas.

On en revient un jour, plus malheureux encore, moins ivre, plus saoul, moins agité, plus « drogué », perclus de piqûres et de dettes, abandonné de ceux qui ne vous aimaient pas, recueilli par ceux qu'on n'oubliera jamais. Mais ça, on ne le sait pas.

La cocaïne devient comme la proie pour le prédateur : la seule histoire de sa vie, avec l'amour. Mais l'amour, déjà, la cocaïne l'a rendu « platonique par décret de la Nature ». Et l'on relit *Lucien Leuwen*.

Le désastre s'installe. On a créé une situation de survie difficile, qui, par chance peut devenir dérisoire.

Mais doucement, dans l'ombre, s'approchaient de nouveaux amis. On s'est, pendant ce temps, forgé de nouvelles armes, plus douces, plus arrondies : l'indulgence, la gaieté, le courage des transgressions tranquilles. L'amour intense de Caroline devient, par à-coups, mais petit à petit, moins encombrant. On a la certitude. Si la régression et la bêtise envahissante empêchent toujours de dire qui l'on « ose aimer », maintenant, cela n'a plus d'importance. On sait qu'on aime. On est libre. Qu'elle soit là, qu'elle ne soit pas là, on l'aime, tout pareil. On peut se lancer dans tous les autres amours du monde : on ne la trompera jamais.

Du « secret de Polichinelle » qu'elle était quand on en souffrait, elle est devenue « la sœur secrète ». Quand on doit la quitter, elle ne vous abandonne plus. Elle nous laisse en compagnie de sa féminité, elle nous confie à ses amies.

« We all said she was beautiful
We all said she was free
But none of us would meet her in
The House of Mystery. »

Léonard Cohen

Je ne souris pas
pour cacher mes manques d'amour
pour masquer mes haines
je ne souris pas
pour plaire ou pour séduire
pour endormir la peine
Je souris
comme on sourit aux reines
la mienne c'est la vie
je souris.

On ne sait pas quand finit une brève tristesse. Les longues tristesses sont longues dès le commencement.

On ne peut pas se connaître quand on est seul. C'est le regard des autres qui attire l'attention sur ce quelque chose de soi qu'on ignorait, ou qu'on se cachait. À un acteur, particulièrement, il est difficile de se montrer sans se voir. Il faut être humble et penser d'abord que ce sont les autres qui ont raison. On saura plus tard seulement si l'on avait tort.

Je me désintoxique. Tout seul. Non. Ce n'est pas vraiment tout seul. Il a fallu que j'éprouve longuement la réalité des autres, leur existence physique à mes yeux, mes oreilles, mes poings, etc. J'ai l'impression que je n'ai fait que la vérifier, ou même seulement la constater, tard, et après que toutes vérifications, toutes épreuves eussent été faites. Si je ne me savais pas double, je croirais avoir découvert que ma vraie nature est toute entière dans la contemplation. Je crains même qu'il s'agisse d'une contemplation sans objet.

Je ne regarde plus, je fais semblant, je fonce, j'écarquille, je m'exclame à n'importe quel paysage, par exemple, comme de toutes les personnes humaines. Nul ne comprend mon jeu. À force, je suis le plus fort. Mais c'est malgré moi. C'est quelqu'un d'autre qui fait en moi, le vrai trafic. Je ne suis pas entouré, mais rempli, par toute une bande de truands.

Mardi

Je me dis : c'est le vide, c'est le trou, reste dans le trou vide. Reste vide. Attends. Attends, bien sûr, sans savoir quoi. Montre une fois de plus ta monstrueuse patience.

« Un jour, je revivrai cela pour de vrai en moi-même.
Un jour, je le revivrai comme en vrai.
Mon passé est le futur.
Je considère le présent comme vu. »

Il y a une prison dans ma tête. Je n'en connais pas, bien sûr, les verrous ni les codes, mais je sais que ce qui est derrière les grilles est prisonnier. Qui chante le soir, derrière ces trois barreaux un hymne que je n'avais jamais entendu ? C'est de chaque cellule que viennent les voix. Aucune ne donne de secret. Elles sont pourtant nombreuses et s'adressent à moi. C'est leur unisson qui me trouble. Que tout ce qui est caché chante la même chose. Tous enfermés, séparés, de tous les âges, et leurs voix différentes trouvent l'unité au dehors, en l'air, entre les toits et le dernier étage, où je suis.

À l'âge où on se met à les raconter, on est déjà bien lassé de ses souvenirs de cellule, de clinique de guerre...

Pourquoi écrire cela ?

À un moment donné, ce que l'on raconte dépend de l'auditoire. Quant au fait de l'écrire, on est protégé par l'idée permanente que le livre restera inaperçu. « Écrire n'est pas jurer. » On peut se défiler.

C'est un courant caché par les vagues que l'on appelle sa vie. Son goût, son odeur : embruns, relents, reflets. Sa durée, le temps qu'elle y met la dépasse, et son espace, le vent le mesure, en effaçant les traces, les bornes de sa course inaperçue et vaine à peine commencée. On recommence pour ne pas oublier, ou comme on voudra, on oublie pour recommencer. C'est un jeu qui se joue en secret, sans vous ni personne, que l'on appelle sa vie, un jeu condamné par ses lois insaisissables et ses accidents, en revanche tout à fait prévisibles. Ce qui est accessible de ma vie est ce que je n'avais pas prévu, et que je ne connais pas sauf à le raconter, le dire ou le chanter, l'écrire ou le peindre. Sinon, la vie nous chasse, faisant peu de cas de notre naissance, des fées à notre berceau, de la mortelle fidélité de celles qui nous accompagnent, la vie nous chasse de partout.

Ce qui est visible, ce n'est pas la mer, c'est l'écume, ce n'est pas l'amour, c'est son cul, sa fin obscène.

Tout ce qui est essentiel m'emmerde. L'existentiel, on le sait, fait vomir. Il n'y a ni raison pure, ni pratique, ni commode. On ne remet pas impunément la pensée dialectique sur ses pieds : elle devient bête comme eux. Nos sens se dérèglent depuis toujours sans qu'on s'en occupe, sans réfléchir. La pensée pour réfléchir revient à l'état glaciaire, et que faire d'une pensée lisse ? Que faire d'un homme sans aspérités, d'une femme sans tumulte, d'un couple logique, d'une sociologie sans morale, d'une histoire terroriste, d'une géographie chauvine, comme une géométrie sans espace...

Finalement on fuit la beauté, comme un lâche sous la menace.

Aujourd'hui, si je regarde droit dans ce que j'appelle mon cœur, mon cœur enfin presque nu, je vois bien qu'il n'y a pas eu de mensonge.

Je n'ai jamais menti en disant « je t'aime », mais ma vie fut comme tous les rêves : on sait qu'on n'a fait qu'aimer, mais on ne sait pas que ce n'était pas aimer.

C'était béni, cet instant à aimer le temps qui vous fait comprendre qu'on a toute sa vie, aimé, et le moment où l'on peut lever la tête et dire : « j'ai aimé ». Oui, cela monte d'un fond infini, intarissable, interminablement, j'ai aimé.

On n'avait pas choisi de rire, on s'aimait peut-être à en pleurer, et sur notre amour, vous dansiez. Je chantais, je sais c'est pire. Nous étions désaccordés. Notre peine me fait si mal. Il n'y a pas d'amour égal.

Je ne demande d'indulgence que pour ma naissance et ma mort, mes actes inconsidérés. Tout le reste me revient. J'ai toujours tout « su ».

Mais je n'ai jamais voulu comprendre. Ni voulu ni comprendre, ni responsabilité ni propriété. J'ai toujours envisagé qu'on me veuille et me prenne. J'ai toujours supposé être désiré et compris.

Ce qui m'a « réussi », c'est ce que j'ai fait de ce qui ne m'est pas arrivé. J'ai gâché en revanche têtue beaucoup de ce qu'on me donnait. Il est vrai que j'étais chargé de lourds cadeaux.

Ce n'est pas le mal qui engendre la douleur, c'est la douleur. C'est elle qui invite à la souffrance, qui provoque le mal, qui dicte au sang sa couleur et son cours, celle qui ouvre les portes fatales, qui pince les lèvres des princesses, pour qui elle fut inventée, afin que l'on se moque du malheur.

Oh ! Princesse ! Je rêve que votre mort me tue, que ma main m'étrangle, que la joie disparaisse comme le feu d'un volcan.

En transpirant je me souviens transpirant et debout. Aujourd'hui j'use de mes lettres. Mais j'ai longtemps titubé sur la noirceur des mots depuis la nuit de ce train. Je ne trouvais plus assez d'innocence à la beauté. J'étais tout le temps capable d'être idiot. Et l'orage dit toujours d'accord à quelqu'un. J'ai ce regard parce que je pleure sans rien savoir. Est-ce que je vais pleurer longtemps, doigts serrés, oreilles tirées, tordues, vrombissantes ? Et cet homme que je vois quand je m'éloigne de moi, pourquoi fait-il tant d'efforts pour baisser la tête, s'étrangler à côté du temps ?

Un homme ferme la porte de sa propre maison. Il ne part pas pour de longs voyages, non. Il n'est que « pas loin ». Il s'en va comme évincé. A-t-il tourné le dos à ses verrous, ou bien est-ce qu'il les regarde avant d'entrer, comme la main soupèse avec ce mouvement qui s'obstine contre le temps ? Il titube, je le vois encore de loin qui oscille, dans un train court, cahoté, et je le vois aussi de près, souriant de regarder les autres cahotés comme s'ils avaient trop bu. N'être plus seul dans sa démarche comme un lit mal fait.

Une fois passé, le temps ne reçoit plus d'ordre de personne. Je me souviens aussi de la salle d'attente, lasse et sale d'attendre. J'espérais, moi, le silence obligatoire, comme un bavard se tait soudain pour que peut-être on le délivre de lui-même, qu'on le force à écouter l'écho des grandes lignes. Je ruminais l'horreur perdue, rognant les restes de mon héritage, le soir, seul, au centre du désert, calé dans les bras indifférents de mes deux valises. J'ai pourtant l'impression que ce sont elles qui m'ont mené à ce train. Il faisait froid et cette gare puait, là. Quelle pouvait être la jubilation qui me poussait ? Je triomphais de quoi ? Quand le saurai-je ? Quand, même, me poserai-je la question ? Les trains démarrent comme on se met à pleurer.

C'était dans un hôtel. Un hôtel de luxe. À Cannes, ou à Nice. Toute une nuit. À baiser surtout. À se livrer à toutes sortes de rêveries fantasmagoriques. Dans le luxe. Le grand soleil tout le jour, et le soir l'autre bleu du ciel, la nuit couverte de diamants, la suite Royale où rien ne manquait. J'avais tout ce que je voulais. Plus du fric. Ma BMW. Pioneer. La veille comme je ne savais rien de ce qui allait se passer, j'avais dragué et essayé de nouveau mes trips passés. Bien habillé, mais un peu perdu. Genre paradant à côté de ses pompes. C'est sûr, que ça devait se voir. C'est peut-être ça, qui brouillait un peu les cartes. Des retrouvailles. Tout flou, pendant un moment. Et puis le temps pour se reconnaître. Et la futilité, brutale, des détails. Est-ce qu'elle a une culotte noire ? Et l'obsession : qu'est-ce qu'elle vient faire là, à me chercher, à chercher quoi ? Qu'est-ce que ça veut dire, ses gestes ? C'est une invitation ? Un défi ? Elle provoque pour ironiser à la fin sur mon désir, ma passion altérée ? Une jupe si courte, les cuisses si haut croisées ! Est-ce que ça peut être innocent ? Est-ce qu'on peut rêver que ça ne l'est pas ? Qu'on va retrouver sa folie, après l'absence absurde ? Et ce coup de téléphone au matin, incompréhensible, ce retour terrorisant de promesses...

...

Je frimais. Je me voyais beau. Le sang et l'or des Catalans sur ma chemise, et à ma poitrine le bleu de la Corse, tout pour soutenir, sous la torture, la fierté abandonnée, détournée dès l'instant où l'esprit s'absente. Je bandais.

Il n'était pas question, après tout ce qui s'était passé, de fumer l'herbe, ni de sniffer la coke ouvertement. Et je n'avais pu m'en passer. C'était à cause du fait que tous les symptômes de déséquilibre s'évanouissaient. Là, on doit mentir. Peut-être bien qu'elle ne se doute de rien.

Ramper jusqu'au mystère. Le mystère que l'on dévoile se révèle vide. Le mystère est ce que l'on cherche avec passion, et sa source est intarissable.

Il est vain de vivre ce que veulent les rêves ; mais non de rêver ce que la vie a voulu. Le rêve fait rêver, pas vivre. C'est la vie qui fait vivre et dont il faut rêver. On demande trop sans savoir espérer. On attend trop sans savoir demander, ni quoi demander.

Il ne faut pas tenter de vivre ce que propose le rêve, mais rêver le propos de sa vie.

Le rêve n'est pas vague, mais on en a une vague idée. Pourtant le rêve ne précède ni le souffle ni l'idée. On le croit venu des « profondeurs ». On devrait dire « de profundis ». Vox in deserto clamat.

La voix est née du désert. Le rêve rappelle de même qu'on est désert pour soi-même.

Ça existe un mensonge instinctif ? C'est quoi, alors ?

Quand on ne sait pas, on ne se trompe pas. On ne peut pas se tromper. Quand l'instinct décide.

Mais qu'est-ce que la raison d'une chose, puisque son utilité ne peut être que relative, puisque rien n'est utile en soi, puisque la finalité n'a pas d'implication de fin, que son origine nous est inconnue ?

La raison d'une chose n'est-elle pas nos accordailles, son rapport avec moi, sa raison : ma folie si je veux la comprendre.

Je ne saurai jamais me persuader en moi d'aucune sagesse ni d'aucune folie. C'est simplement la cause de notre désarroi : la sagesse et la folie qu'on ne peut voir que chez les autres. C'est aussi la cause de mon bien-être. Il y a en effet ce que j'appelle « l'indifférence innommable » : qu'ils soient fous ou sages, ma sagesse les rend fous, ma folie leur donne l'occasion de se trouver sages.

Je t'ai dit : « Je t'aime »,
Mais tu dormais...
Tu dormais déjà, et tu sais bien pourquoi...
Pourquoi j'ai dit : « Je songe » !
Alors que c'est : « Je rêve »,
Que j'aurais dû dire
Puisque je te désire,
Même...
J'ai dit, je t'ai dit : « Je t'aime... »
Mais tu dormais ...

Bien sûr, je n'avais qu'à dormir moi-même !
Tous ces médicaments que je prends,
Tu le dis si souvent !
On croirait, des fois, je t'assure,
Que c'est important !
Mais si c'était si important,
Qu'on en parle à tous les gens,
Et à tout bout de champ !
Sauf que moi ! Sauf à moi !
Sauf que moi,
(On ne me le dit pas ! étonnant, tout de même !...)

Pourquoi ce médicament,
Qui m'empêcherait d'être ivre,
Qui rassasierait mon tourment,
Qui le nourrirait de mon sang

...
Car ne l'oubliez pas :
j'ai eu soif.
— Vous ne m'avez pas abreuvé !
Vous ne m'avez pas non plus
Remercié, par exemple,
Quand je vous ai nourri,
Parce que vous aviez faim...

Et ce n'est pas tout ! en plus de tout ça,
Il y a à côté, à côté mais c'est presque
La même chambre, pour tout dire, une jeune Mauresque,
Qui, si je me servais d'elle, par exemple, d'exemple,
De ma virilité ne saurait témoigner,
Ni, plus bleue qu'en secret une vierge de Temple,
Ne voudrait rendre hommage à ma vénération

Étant donné que, jusqu'à présent,
Chaque fois que je lui dis : « Je t'aime »,
Elle s'endort.

Justement, là, elle dort.

La mort peut être simplement la réponse radicale au harcèlement des questions inutiles. Tout ce qui s'est cru très fort s'incline devant celui pour qui mourir est seulement hausser le ton, montrer qu'on est tout de même, heureusement, le maître de ce faux conflit.

Est-ce qu'on commence par ne plus vivre, avant de mourir ? C'est-à-dire, est-ce qu'on meurt parce qu'on a fini de vivre ?

Et mon cœur, où l'on écoute les coups pris aux autres, battant comme des drapeaux, mon cœur où tout se désigne, est-ce que je ne suis pas tout près de lui, à ses côtés, quand la lutte est chaude, quand il cogne !...

Je ne veux pas, je ne sais pas, mais je serre et je presse la tête et les mains pour tout l'été d'un beau moment, le printemps d'une jeune fille, la mort fertile de l'amant, l'âme éternelle d'une femme, l'hiver du vent, la danse d'une robe vide comme une flamme, qui jaillit soudain et vole à l'automne la lenteur du feu, et qu'on cherche sans fin jusqu'aux cimes neigeuses, jusqu'à l'asphyxie, jusqu'aux sommets des aigles, mains tordues, gorge raide, ivre et seul, inutile au délire et vain à la victoire.

J'ai été envoûté par le désordre. J'ai failli me perdre, et je me suis peut-être perdu dans ce lent cyclone. C'était comme une longue fête dont on ne peut se dépêtrer. Jamais je n'avais senti le vent tourbillonner comme ça. Bien sûr, je ne me souviens pas de la sensation. Je rappelle les souvenirs de mes chemises trempées, mes stylos perdus, montres volées ou vendues, blessures à mes flancs. Je peux suivre les pistes, j'ai de la mémoire.

J'ai de la mémoire, mais je ne sais pas où elle est. Quand on me fait le compliment, on ne dit jamais où l'adresser. On m'a dit, et fait croire : la tête. Mais mes mains se trompent moins souvent dans la reconnaissance.

Vous savez, ils m'assaillent.

Je ne sais comment les nommer. Peut-être renonceraient-ils, si je leur donnais un nom. Peut-être prendraient-ils soudain une couleur différente, étrange comme la forme qu'ils n'ont pas, étrange comme les mensonges qu'ils n'ont pas dans leur bouche et qu'on ne devine jamais : ils ne disent rien !

C'est terrible, leur silence... ce mutisme dans ces bouches têtues. Mais ils ne demandent rien non plus.

On dirait qu'ils attendent.

Au juste, je ne sais s'ils sont proches ou lointains. Apparemment, ils comptent sur ma capacité, mais ai-je ou non une disposition de mon âme que je puisse appeler : « ma capacité à évaluer les distances » ?...

Dans les vitesses, je suis à l'aise. Je pénètre tout un chacun d'admiration, si l'on peut s'exprimer ainsi. C'est une chose forcément un peu sale, la gloire qu'on ne s'attribue pas à soi-même. On dirait que l'Histoire les fait plus rares, les moments-rois, les triomphes.

Une femme est trop souvent abandonnée pour s'oublier. Une femme n'a pas tous les choix. L'apprentissage du cycle l'instruit plus vite sur elle-même, elle est plus implicitement infuse de la connaissance de soi, que l'homme à qui l'érection n'apprend pas grand chose pendant longtemps si elle n'est pas accompagnée d'une réflexion qui ne peut être que tardive et souvent impraticable.

« Everybody kills the thing he loves the most... »

Ne vivre que ce que l'on peut vivre jusqu'au bout, c'est-à-dire jusqu'à ce que l'on ignore. Je vis de ce que j'ignore, mais je sais ce que je vis.

La plume est conçue pour le vol imperméable, pour le plongeur inaccessible, le haut regard sur l'Empire de la chute. Écrire, c'est ce qu'on ne peut dire, c'est le mystère terminal, la fin de la réalité, le Finistère du barbare venu d'ailleurs.

Le barbare n'est jamais insouciant. S'il chante, c'est devant son ennemi.

Hécourt. 20 décembre 1996.

Pour la troisième fois, la jeune dame au fouet est passée près de moi. Elle riait moins. Et moi je croyais qu'on ne pouvait pas trois fois traverser l'Achéron !

Je suis tout de même éberlué.

Je commence par changer de désordre.

Hécourt. retour de Montreux. 22 décembre.

J'ai toutes les mesquineries. J'exclus de la beauté ce qui n'est pas beau à mes yeux, et QU'À mes yeux. En même temps, je crois tout. Et c'est là que je me soupçonne de feindre. Mais est-ce feindre que de laisser croire à un schizophrène qu'il EST Napoléon, ou bien n'est-il pas au contraire stupide et méchant de s'évertuer à lui prouver que non ?

Et pourquoi ne serais-je pas une image de moi ? Et dans les deux sens : je me représente comme une image, et je me vénère comme une idole.

Mon esprit ne sait pas tout de ce que, d'une seule main, on a laissé se perdre en lui. Je revendique seulement ces traits faits dans ce cahier par ma main.

C'est subitement le 25, et toute l'abondance qui regorge de la convention de cette fête nous pousse, non sans qu'on éprouve une certaine satisfaction, à un retrait, un besoin de retourner à des replis — on parle de replis mais on ne les connaît.

Au milieu d'une fête où l'on s'amuse sincèrement, où une partie de soi-même se retrouve avec plaisir (on a été noceur, on est à l'aise), on quitte musique, vins, viandes et amis, voire femmes délicatement amoureuses, pour tâtonner dans le noir, et on se demande quelle est la différence entre une ouverture et une issue.

De toute manière, quel homme peut dire qu'il ne fuira pas. Il y en a cependant, mais si peu, et tant que tout ne sera pas fini, le doute planera sur leur image. Seule la mort sauve, une fois qu'elle est sûre qu'on a eu le temps de vouloir aimer ce décor d'où elle vous ôte.

Ce qui viendra sûrement vous prépare à une autre extase : celle du supplicié.

Ne nous plaignons pas de la mort, n'en médisons pas, ne la redoutons pas, c'est le seul mouvement de la nature qui nous protège de l'horreur en y laissant notre masque.

Qu'on croie ou non à l'existence de l'âme, ou à mes couilles, m'importe aussi peu. Pourquoi croient-ils ? Pour pouvoir mieux spéculer, escompter, ça n'en finit pas. Pourquoi, tous ces pourquoi inutiles et bêtes, quand tant de « comment ? » sont voués au sacrifice le plus douloureux (comment agir, ô cœur volé ?) ?

Longs moments insolubles, à moins qu'ils ne soient simple paresse. Je veux croire qu'à ces moments, quelque chose qui viendra se trame à mon insu... Mais en réalité, je résiste. C'est mensonges, rêveries, délibérations muettes, désirs fabriqués qui n'incitent même pas à la satisfaction solitaire. Il faudrait s'y forcer, et là n'est pas le sujet. Je ne sais pas ce que c'est qu'une femme, ni non plus ce qu'est un livre.

Il est clair que je dois d'urgence me débarrasser de mes ébauches, que je ne peux pas sonder, à cause sans doute de leur étanchéité qui me ramène à la même vacuité que la paresse. Mais quand en aurai-je vraiment fini avec ces pages ? Aucun décret ne m'assigne à la position d'écrivain. Même pas le plaisir d'écrire. Je ne me crois bientôt plus abandonné qu'à la fabrique. Un métier. J'ai toujours quitté les activités de ma vie quand elles devenaient un métier.

Hécourt. 29 décembre 96.

D'une moue de tes lèvres, tu fais une moue de ton corps.
Tu souris sans efforts
Et l'on ne ressent qu'une fièvre
Indécise et brisée par tes mouvements
Un rien, un cheveu qu'on soulève
Tu fais de moi un autre amant
Sans répit, sans relève
Et d'un clin d'œil tu changes même
le mot je t'aime

Le mot qu'on n'osait pas oser
le mur qu'on n'osait pas franchir
s'effacent dans le souvenir
comme s'effacent tes baisers
comme on oublie même je t'aime.

C'est un moment de la vie qui pourrait être le dernier. Un moment sans nécessité. Tout est autour et rien n'y tient. Il n'y reste plus que l'envie du désir. Le désir lui-même est comme un ami qui dort, et dont on ne sait pourquoi ni comment on le réveillerait. Quelques artifices font que ce n'est pas encore l'ennui. La fin n'est pas tout à fait sûre. Il n'est pas difficile d'adhérer aux opinions. De toutes façons, comment ferait-on pour se battre ?

La nuit est moins belle. Le soleil presque gênant. L'ardeur des filles à faire un mystère de leur vide fait pitié. Tout s'acharne à reposer sur quelque chose qui n'existe plus en nous. Aucun pouvoir n'est à conquérir, on ne sait quoi faire de la renommée, la longévité est du passé, et sans ses ravages sanglants, il n'y a guère que la richesse qu'on puisse souhaiter. On ne veut rien mais elle ferait croire qu'on PEUT encore...

C'est un moment où, comme dans une fête, parfois on se sent un peu bête d'être là.

Physiologiquement, on ne sait pas trop quand commence une vie. Quelqu'un qui raconte sa vie en ignore ou en invente le commencement. On ne peut parler légitimement que d'une partie de sa vie. Et il n'y a pas d'indifférence possible aux limites que l'on donne à son récit. Commencer par le commencement de la vie de David Copperfield, comme Dickens, ou par le « ce siècle avait deux ans » de Victor Hugo, procède du même procédé arbitraire. « L'année où je naissais naquit Bonaparte », écrit Chateaubriand au début d'une œuvre dite posthume. Ce qui est, au moins, associer un début à un autre. Il n'y a de commencement ou de fin qu'à ce qu'on veut dire, ou montrer.

Quelque érudition qu'on y apporte, l'Histoire ne sera jamais qu'un rameau, une branche de la poésie.

Voici un an passé dans une étrange absence de moi à moi-même. Sans volonté et sans patience, annulant tout immédiatement quand l'exécution ne suivait pas immédiatement l'idée. Un an d'idées, mais disparues. L'indifférence n'empêche rien, peut-être qu'elle permet tout. De la vie qui s'en va, elle donne la survie. Elle donne des amours machinales, des écritures vaines. Elle se moque de vous quand apparaît l'inutile, et l'inutile n'en devient pas pour autant essentiel. Elle prétend prévenir l'amour et le désir.

J'ai été avec ma vie comme un chat tâtant sa proie, la flairant, la retournant dans tous les sens, l'épuisant de mesures avant d'y mordre. J'ai laissé mûrir la mort. Je me suis effacé, soupçonneux, devant ses messages, ayant tout bien considéré, je découvre l'urgence.

En parlant je m'aperçois que je ne cache que moi, que je parle avec assurance d'une maison fermée dont je n'ai pas la clef. J'incite à l'effraction. « Allez voir, vous, les braves, ce que vaut ma parole, démasquez celui qui, tapi dans ces mers la profère, allez-y, j'ai peur, je ne veux pas le voir. Je vous protège, j'expose autre chose pendant ce temps, je fais diversion, allez-y, je vous couvre de mots sacrés. »

Je ne comprendrai jamais ce que le temps vient faire là-dedans ! Ni surtout ce qu'on lui reproche. Que de contradictions ! On se plaint avant le mal, comme on se ruine avant l'usure. Qui donne à l'enfant l'idée qu'il serait meilleur de ne pas mourir, lui qui ne joue qu'à tuer, et s'en exalte par le jeu ? (Qui l'abandonne à la sacro-sainte drogue, sans un mot ?) Pourquoi haïr ce qui nous est commun à tous, au lieu d'aimer nos différences, d'adorer nos incompatibilités ?

Je suis incompatible avec la mort. Elle n'aura que les restes. Pourquoi s'acharnent-ils tous à lui donner, trop tôt, le meilleur d'eux-mêmes ?... Ils ne répondent pas à cette question.

Si chacun avait au moins la force et le courage de ne revendiquer, au moins, que ce droit-là : être soi-même, et n'en laisser personne décider à sa place, nous serions tous moins avares de solidarité, moins chiches de chaleur, moins embarrassés de nos embrassades, nous irions tous, chacun, toujours à la découverte de l'Autre, forcément autre, éternellement autre — comme soi-même —, jamais lassés de fouiller l'inépuisable inconnu.

Je suis loin derrière les grands, comme un petit enfant. Est-ce paresse ou distraction, ou bien est-ce que l'admiration me les cache ? Cela doit s'appeler la peur, cette façon de traîner. Pourtant, je reste éveillé la nuit, mais comme par habitude, bien sûr. Je n'arrive pas à croire que l'idée de travail ait quelque chose à voir avec les vagues précautions que prend un artiste à ne pas se salir les mains.

On se condamne à écrire par la fuite, comme on demande à aller où on ne sait pas.

Il faudrait, de même, désirer par amour, ne pas bander par espoir, ni jouir par calcul, ou, comme on voudra, calculer avec plaisir.

Jaloux, on se met à envier son désir, avant de plaindre l'amour qu'on recherchait comme une ignoble victoire, secrètement assurée.

On trouve de bonnes raisons, quand on n'en cherche pas de vraies.

Quel casse-tête !

Me voici bien près de l'âge infidèle. Je longe des années mourantes. Un nouveau silence s'accumule dans ma voix, et s'accoutume, têtu. Tout autour de ma gorge, on s'agrippe. Tout veut écraser ma fuite, et s'en tient à moi.

Et tout tâche à me taire. Nul ne tranche. On arrache ce qui pend. On se dote de mes déchets, on casse mes débris naturels, on s'empare de mes bouts de course, mes fins de souffle, mes haleines perdues.

Il y a finalement peu de choses dont la fin ne soit pas une douleur, au moins une mélancolie, au pire une tristesse. Ces « grandes vacances » que sont toutes les guerres, ces souvenirs émus des chambres d'hôpital, ces nostalgies de femmes qui vous torturaient...

Celui qui s'aperçoit qu'il est un imposteur, sa fin n'est pas la sienne.

J'y vois de moins en moins. Aujourd'hui cela m'agace. Il arrive que cela m'exaspère jusqu'à la rage. Comment expliquer que parfois, cela m'intéresse, cela m'amuse ?...

(Souvenir) Buenos Aires. On y a l'habitude du désert en ville. Tout y est associé à l'absence, qu'on peut appeler patience dans cet exil éternel qu'est l'hémisphère sud.

Quand on ne dort pas, qu'on ne veut pas dormir, quand la cocaïne entretient l'espoir ou l'illusion, quand on saute des nuits comme on baise une femme que l'on n'aime pas, il arrive qu'un jour on se demande d'où viennent les souvenirs...

Je note les dates maintenant parce qu'il y a longtemps que je n'écris plus que sporadiquement. Comment s'y retrouver après ? Avant, je passais le plus clair de mon temps à écrire, et je me vois recommencer comme redevenant l'amant d'une ancienne maîtresse qui aurait laissé derrière elle — dans un désordre étourdissant — beaucoup d'écritures dont il faut d'abord examiner le graphisme, avant de les situer.

Tout le monde est persuadé que je suis paranoïaque (et n'est-ce pas la meilleure définition qu'on puisse donner de la paranoïa ?), mais on m'en a persuadé à l'issue d'affreux comas et de délires sans mémoire. Il est vrai que j'ai versé dans tout avec véhémence. L'alcool, la cocaïne, le haschisch, la marijuana, etc. et cela va jusqu'au tabac que je fume même endormi. Je n'ai pas brûlé tous mes vaisseaux cependant, mais plutôt tous les lits où j'ai dormi. Aujourd'hui, j'essaie de récupérer un peu de tout cela. Un trou de cigarette dans le paysage d'un édredon me fait penser que le hasard est sûr. Si peu de pages sont datées, localisées, c'est qu'il suffit d'un œil un peu fin pour deviner si tel paragraphe a été écrit avant Cochin, après Necker, Laennec, ou pendant Bichat, après l'Hôtel-Dieu qui précède les gardes à vue, ou pendant un séjour prolongé dans la très classique architecture de la prison de Ciudad Leon, ou en clinique en Suisse, sans parler de caniveaux.

Mais l'esprit a été atteint autant que la main et le cœur.

JE peux vous parler de lui. Penser à lui c'est me le rappeler. Mais l'aimer, c'est dans mon cœur. Ça me libère pour vivre. On s'aime, on peut penser à autre chose, en somme.

Le travail d'un homme, c'est la vie. Le reste, c'est des personnages.

La grandeur d'un homme c'est le geste. Le reste est image. La Raison d'un homme est une femme. Elle est sa maîtresse. D'eux doit naître l'esprit qui engendre le crime, déchire les étreintes, surveille les fissures de la pensée.

D'où quelques acteurs nus dans un monde immonstre. Ils sont dans l'imposture. Enfants à qui l'on dit que la vie est un songe, et qu'on empêche de dormir ; enfants à qui on dit « le monde est un théâtre », mais qui n'en connaissent longtemps rien d'autre que l'estrade ignoble d'où ils redescendent, jugés, notés, punis, jamais applaudis...

D'où la nécessité d'une ferme police, quand ils deviennent grands.

Je voyais bien la résistance du givre, mais je voyais le givre dans la lumière.

Effets de cinéma. Effets de lumière. Diaphragmes, objectifs, projecteurs. Ce que j'aime au cinéma, merde, c'est mon métier ! Oui, j'aime ça, oui j'en suis privé, oui je trouve cela injuste !

Ça y est ! J'ai crié. Ça m'a fait du bien.

Bande de cons.

Effets de cinéma, beaux mensonges.

Tout le monde aimerait qu'il ne manque personne à sa solitude. Qu'on se réjouisse ou qu'on se lamente, quand on est seul, c'est tout de même aux yeux du monde !

Qui vraiment se suicide pour se contenter de disparaître ? On peut imaginer que quelqu'un se suicide parce que tout le monde l'a toujours épargné. Non !

Ma vie est plus grande que moi, plus âgée. C'est elle qui a tout manigancé ! Des choses dont on n'aurait pas idée dans sa vie.

Une vilaine amertume, une laide rancœur. Je m'énerve à chercher pourquoi c'est à moi que j'en veux, et je hais tout le monde.

J'ai considéré jusqu'à minuit qu'il aurait été obscène d'écrire quoi que ce soit après une journée pareille. Maintenant, c'est l'aube, et elle ne dissout aucun monstre. Je devrais me résoudre à combattre mais je ne m'aime pas assez pour m'affronter. J'ai laissé monter les eaux sales, le dégoût m'y retient d'y fouiller, mais l'écœurement aussi croît. Il faut pourtant se tenir à quelque chose. Je suis près d'ajouter à la vulgarité de mes sentiments la tentation de cette bassesse commune : se réfugier dans le souvenir. J'ai besoin d'inflammatoires face à cette élégie sans lyrisme.

Et voilà : JE BOIS !

« T'es content ? »

Ce n'est pas l'angoisse qui m'étreint devant la page blanche, c'est l'anticipation du plaisir. Cela serre la gorge aussi, comme à l'approche d'un rendez-vous amoureux. Cet optimisme est vital, la croyance que cette finalité n'a pas d'implication de fin. Écrire avec plaisir, pour écrire. Pas pour dire ce que l'on a à dire, mais pour écrire ce qu'on a à écrire. Pour le reste, il y a la Parole Ailée, qui ne cache pas son visage.

Mais si l'on peut « parler pour ne rien dire », on ne peut pas écrire pour ne rien écrire. Ce n'est pas un enfant de l'amour. C'est tout ce que j'ai pu faire en plus d'aimer. Parce que c'est plutôt à aimer qu'à écrire que j'aurais passé mon temps. Mais il faut prendre aimer dans le sens de vouloir plaire, ou devoir plaire, quand on n'a pas le choix. J'ai aimé pour être aimé. C'est comme écrire pour être lu. On a le même effet en retour : on est aimé pour ce qu'on méprisait en soi, et lu pour ce que l'on détestait. Mais cela importe peu, la fin est la même : on ne peut s'empêcher d'admettre en soi ce que l'autre a aimé, et l'on relit les pages qu'il relit. Et puisque tout cela se résout en un « je t'aime » général, il faut bien commencer par se dire un « je t'aime, moi-même ». Oui, moi-même que je finis par être, je t'associe à mon jeu, je me sers des grimaces que tu as inventées à mon usage. Je te relâche de moins en moins.

Je veux me contenter de laisser entrouverte la fenêtre d'où l'on peut voir ce que je me suis laissé faire de moi.

Et je me suis mis à mourir. Par tous les bouts. Ah ! Il n'y en avait que pour moi ! Je guettais les itinéraires qui mènent au fond. Je ne me suis pas embusqué dans les bois de l'Oise où je cherchais les traces de la moto de Bernanos, son air froid tourbillonnant, quand je fus surpris par l'intendant du collège où j'enseignais depuis peu au moment où une jeune élève se réchauffait les mains dans ma braguette. Elle me tenait comme une poignée de valise, sans broncher, presque indifférente, et moi l'air de rien aussi je me revois saluant d'un affectueux sourire Monsieur l'intendant congestionné. C'est avec le même sourire que j'écrivis le lendemain une belle lettre à Monsieur le proviseur pour lui expliquer que pour des raisons de convenances ! personnelles, je démissionnais, après trois mois d'exercice de mon poste précaire dans l'enseignement public.

Il me fallait tout. Je dépensais en permanence tout ce qui pouvait ressembler à une réserve de force.

J'avais à oser et ce n'était pas contre moi-même que je prenais des risques. Comme tout le monde je me suis toujours tout pardonné.

Je n'appelle ma vie que ce que j'en invente pour le transmettre.

C'est un courant caché par ses vagues, ce qu'on appelle sa vie. Son goût, son odeur, embruns, relents, reflets. Sa durée la dépasse, son espace, le vent le mesure en effaçant les traces, les bornes de sa course inaperçue et vaine à peine commencée. On commence chaque fois qu'on oublie, on recommence pour ne pas oublier, ou comme on voudra, on oublie pour commencer. C'est un jeu qui se joue en secret sans nom ni personne, pour tous et soi-même, condamné par des lois inconnaissables et des accidents tout à fait prévisibles.

Ce qui est accessible de ma vie est ce que je n'en avais prévu et que je ne connais pas sauf à le raconter, à le laisser jaillir comme l'écume chassée de la mer porteuse.

Comme tout ce qu'on cherche longtemps, la vérité est aveuglante. Nous n'attendons d'elle qu'une manifestation : qu'elle éclate, et que le mensonge par elle, se révèle le temps d'un éclair.

On paie au cauchemar ce qu'on devait au rêve. Le contentieux l'emporte. Rien ne coûte aussi cher qu'un rêve, rien ne brûle autant que de s'en approcher.

Oui, tout a été fait pour que j'aille chez les cinglés. Mais, si toutes ces errances, ces péages, n'étaient comptés pour rien. Je n'irai pas plus loin que le jeu.

Je suis assez variable pour m'accomoder à ma géométrie.

Tiédeur des débuts de nuit noire, évanouies ou reprises encore et encore sans qu'on y cherche autre chose que l'incompréhensible ou la transparence.

Sommeil. On se quitte comme on quitte un chaos insalubre.

Rendu aveugle par le jour, sourd par la bêtise. Silence excessivement strident. Ne pas parler. Retourner à l'imposture. Le jour cruel ment. Je ne me souviens même plus de ce qu'est l'agrégation des Lettres, ni pourquoi c'est fait.

Peints en vert sur la photo, les galons de l'officier allemand tombé devant la villa.

Débarquement. Pareil. Souvenirs hallucinés des fusées du 15 août 44. Mais j'en contemple l'image sereine. Si j'étais sûr que devenir idiot soit redevenir enfant !

Comment fait-on pour se charger de fautes au point d'en tituber.

Vraisemblablement nous approchons de la fin du mois d'avril, et l'on ressent déjà tous les désordres qui précèdent et escortent les changements de saison, tous les enthousiasmes et toutes les morosités qu'engendre l'effacement de Janus. On ne voit pas très clairement ce qui s'annonce et l'on ne sait pratiquement plus rien d'hier.

C'est le moment. La croisée des chemins du temps. Tout, dans le trouble, se décide. Demain, déjà, s'installe. On sait qu'on va se tenir, assis ou debout, pour un moment, mais ni où et comment. On sait qu'on veut et qu'on va se coucher le long d'une femme, mais on a déjà l'angoisse de la durée, la peur panique de l'éternité. C'est une sorte de guerre qui commence et l'été sera nécessairement meurtrier. Sinon, comment renaître maintenant qu'on sait qu'il faut renaître... En attendant le soulagement final, le « ouf » de la tête baissée.

Le bonheur quotidien c'est le malheur de demain. Pourquoi se croire demain ? Et est-ce qu'on a peur d'aujourd'hui ? Il vaut mieux se contenter des questions. Il y a des réponses qui annulent le mystère de la question et sa raison d'être.

Me voici à tenir une sorte de journal de bord, maintenant que tout pérégrine vers la précipitation.

Aujourd'hui, pour moi, écrire un journal, me semble une capitulation. Après 40 ans de protestations obstinées que ma vocation était d'écrire, j'en arrive à écrire, tout court, à faire le geste. Je « noircis des pages ». Ce que j'ai toujours fait. Mais je traînais, faisant le lièvre. J'étais tellement sûr de mon talent que je batifolais, je m'ébaudissais à écrivailler. Comme souvent, le titre m'était venu en premier. Quant au livre, quoi que j'écrive, il ne pouvait que ressembler au titre, et tout ce que j'écrivais avec le plus grand sérieux me paraissait devoir faire partie d'une œuvre véritable. Cependant que dans mon dilettantisme raffiné, j'abandonnais des pages, de-ci, de-là.

En me relisant, j'avais parfois confirmation qu'il y avait là-dedans « l'étoffe » d'un livre. Et j'entrepris de l'écrire. Il se trouve qu'à cette époque, je suivais les commandements du poète et cherchais la poésie « dans le dérèglement raisonné de tous les sens ». J'y parvins si bien qu'il ne fut plus question que de médecins, de psychiatres, d'hôpitaux, de cliniques. Entre délire et coma, me croyant guéri, je déménageais souvent, et mon métier (je suis acteur de cinéma), me forçait parfois à me déplacer.

Je perdis vite le cap et la boussole. Et il y eut naufrage et incendie. Partout et dans ma tête, il se déclara une fièvre qui n'avait pas de raison d'être. Manuscrits noyés ou brûlés, quelle importance ? Ecrits comme ils l'avaient été, il fallut sans doute un bon nombre de corrections. Et le sujet de ce livre, ou plutôt quel genre d'objet ce livre pourrait être, m'échappait. J'en voyais bien le centre, c'était moi, mais la périphérie était floue, comme effilochée.

Et le souvenir que je pouvais avoir de ce qui avait été écrit était confus et ne faisait que m'enfermer davantage dans un problème sans solution. Il ne restait que ces feuillets, épargnés et épars, sans repères, parfois illisibles ou indéchiffrables.

Que peut-on attendre d'un livre sinon que de le faire ? Comme se livrer au plaisir d'attendre un ami inconnu, et imprévisible ? Il faut qu'il puisse venir à n'importe quel moment. Il faut aussi qu'on puisse s'en emparer, qu'espère-t-on d'autre qu'un échange, une conversation sans explications ?

Il y a des moments où l'on se dit que personne ne devrait avoir à s'expliquer, de rien.

Si livre il y a, c'est pour que, depuis sa conception à ma mort, il soit le compagnon d'une route incertaine.

Mais le temps est beau et nous devrions bientôt partir.

Je remercie Clara Banchereau

Table

Ce volume
publié aux Éditions Les Belles Lettres
a été achevé d'imprimer
en juillet 1997
dans les ateliers
de Normandie Roto Impression s.a.
61250 Lonrai

N° d'éditeur : 3428
N° d'imprimeur : 971483
Dépôt légal : mai 1997
Imprimé en France